은혜 입은 자의 삶

은혜 입은 자의 삶

지은이 | 조은아
초판 발행 | 2021. 2. 17

등록번호 | 제1988-000080호
등록된 곳 | 서울특별시 용산구 서빙고로 65길 38
발행처 | 사단법인 두란노서원
영업부 | 2078-3352   FAX | 080-749-3705
출판부 | 2078-3331

책값은 뒤표지에 있습니다.
ISBN 978-89-531-3954-1 03230   Printed in Korea

독자의 의견을 기다립니다.
tpress@duranno.com   www.duranno.com

두란노서원은 바울 사도가 3차 전도여행 때 에베소에서 성령 받은 제자들을 따로 세워 하나님의 말씀으로 양육하던 장소입니다. 사도행전 19장 8-20절의 정신에 따라 첫째 목회자를 돕는 사역과 평신도를 훈련시키는 사역, 둘째 세계선교(TIM)와 문서선교 (단행본·잡지) 사역, 셋째 예수문화 및 경배와 찬양 사역, 그리고 가정·상담 사역 등을 감당하고 있습니다. 1980년 12월 22일에 창립된 두란노서원은 주님 오실 때까지 이 사역들을 계속할 것입니다.

은혜 입은 자의 삶

조은아 지음

이 글은 하나님에게 드리는 나의 예배다.
보리떡 다섯 덩이와 물고기 두 마리를 드린
어린아이의 마음으로 드리는 다소 수줍은 기도이며
나의 삶을 이끌어 주시는 하나님,
열방을 이끄시는 하나님에게 드리는 감사의 찬양이다.
아울러, 이 글은 평생 아낌 없는 칭찬으로
막내딸을 격려해 주셨던, 깊지만 단순한 진리를
붙잡고 살아갈 수 있도록 이끌어 주셨던
먼저 떠나신 아빠에게 드리는 때늦은 감사의 선물이다.

두란노

목차

저자는 하나님의 은혜에 사로잡힌 삶을 살아 왔습니다. 저자는 고요한 영혼을 소유한 분입니다. 하지만 선교를 향한 열정은 뜨겁습니다. 잃어 버린 영혼들을 향한 긍휼과 그들을 향한 사랑은 따뜻합니다. 저자의 지성은 존귀하신 하나님을 증거하도록 훈련되어 있습니다. 저자의 감성은 하나님의 사랑에 물들어져 있습니다. 저자의 영성은 말씀으로 연단된 깊은 영성입니다. 저자의 삶속에 맺힌 풍성한 사역의 열매는 예수님을 닮아가는 성품에서 흘러나온 것입니다. 하나님은 저자를 그분의 은혜로 인도해 주시고, 고난을 극복하도록 도와 주셨습니다. 고난 속에 담긴 거룩한 섭리를 깨닫도록 도와 주셨습니다. 이 책은 하나님의 은혜와 하나님의 선교에 대한 스토리입니다. 하나님의 선교를 하나님의 은혜로 기록한 책입니다. 하나님의 은혜의 풍성함을 경험하기 원하는 분들, 성스러운 목표를 따라 살기 원하는 분들에게 이 책을 추천합니다. 뉴노멀 시대에 선교적 삶을 살기 원하는 분들에게 이 책을 추천합니다.

- **강준민** 새생명비전교회 담임목사

조은아 박사는 하나님의 은혜에 대한 깊은 경험과 이해로 글을 쓰고 노래하며 가르칩니다. 그녀는 하나님의 은혜야말로 참되신 하나님을 '신들' 혹은 '영들'과 구별 짓는다는 것을 누구보다 잘 이해하고 있습니다. 우리 모두를 인간답게 만드는 것은, 우리는 오직 은혜로만 온전해 질 수 있다는 사실을 더 잘 이해하는 것입니다. 선교사들은 하나님의 은혜 안에 살아야 하며, 그렇지 않으면 실패하고 맙니다. 이 책의 배경이 되는 조 박사의 아름다운 노래가 이를 잘 말해 줍니다. "나의 나 된 것은 다 하나님 은혜라." 이 책을 읽어 보십시오. 책 속에 담긴 찬양을 불러 보십시오. 그리고 하나님의 은혜가 당신을 붙들게 하십시오.

- **스캇 선퀴스트** 고든콘웰신학대학원 총장

"나를 지으신 이가 하나님…"이라는 가사로 시작되는 〈하나님의 은혜〉라는 찬양은 원래 박종호 장로님이 처음 음반으로 부르셨지만, 후에 김영미 권사님의 찬양으로 더 많이 알려지게 되었다. 온누리교회의 일본 선교 프로젝트인 '러브소나타'에서도 언제나 빠짐없이 불려, 일본인들에게도 알려지고 사랑받게 되었다. 이 찬양의 가사가 카자흐스탄 선교사였던 조은아 교수님의 선교적 부르심에 대한 응답으로 쓰였다는 것은 잘 알려져 있지 않았다. 선교사로 파송 받기 며칠 전 일기장에 써 내려간 이 고백이 후에 많은 이들의 찬송의 고백이 되리라고는 아무도 생각하지 못했을 것이다. 이제 이 신앙 고백이 성경 신학을 토대로 한 선교적 부르심으로 해석되어 책으로 출판되게 되었다. 남편 전성걸 목사와 함께 선교사로서, 선교신학자로서의 삶과 사역이 녹아 있는 이 책을 통해 많은 성도들과 선교사들이 새로운 지혜와 능력을 얻게 되기를 기도하면서 추천한다.

- 이재훈 온누리교회 담임목사

저자 조은아 교수는 한국 교회가 사랑하는 찬양 〈하나님의 은혜〉의 작사가 입니다. 책을 통해 우리는 이 찬양 가사에 담긴 저자의 소중한 생각과 경험들을 듣게 됩니다. 선교학자이면서 동시에 선교사인 저자는 이 책을 통해 우리를 지으시고, 부르시고, 보내시는 하나님의 선교적 주권을 선교학적 사상으로 풀어 갑니다. 그 결과 나의 나 된 것은 하나님의 은혜임을 아는 신학적인 가르침으로 우리의 신앙을 견고하게 해 줍니다. 주님이 맡기신 끝을 향해 땅의 길을 걷는 모든 신앙인들에게 이 책을 기쁘게 추천합니다.

- 이찬수 분당우리교회 담임목사

조은아 교수는 자신이 손수 작사한 〈하나님의 은혜〉를 자신의 선교사로서의 경험과 영적 순례자로서의 삶을 거울삼아 선교적 여정에 관한 글을 썼다. 대개 선교학적 글들은 사회과학적이며 성경적 근거를 좇아 학적 전통에 따라 써야 한다는 당위성 때문에 영성의 관점에서 보았을 때 그것이 우리에게 차갑게 느껴질 수 있다. 조은아 교수가 이번에 내놓은 이 책은 그러한 평가를 종식하기에 충분하고도 남음이 있다. 이는 선교에 대한 영적 심장의 맥박을 느낄 수 있을 뿐만 아니라, 한 선교사의 일생 중에 경험할 수 있는 낭만 그리고 필자의 하나님과의 동행 스토리를 충분히 표현해 내기에 손색이 없다. 이 책을 선교사나 일반 성도 모두에게 선교에 대한 새로운 열정을 불러일으킬 수 있을 것이라 확신하며 널리 추천하는 바이다.

- 이태웅 글로벌리더십포커스 원장

좋은 책이란, 독자로 하여금 뭔가를 깊이 생각하고 결심하게 만드는 책일 것입니다. 조은아 교수님의 이 책은 마음 깊은 곳으로부터 묵직한 생각과 결심을 하게 한다는 점에서 참 좋은 책입니다. 그것은 하나님에 대한 생각이며, 하나님께 인생을 걸어야겠다는 결심입니다. 역량 있는 선교 학자이자 우리에게 친숙한 〈하나님의 은혜〉의 작사가인 저자는 이 책에서 가사의 한 문장, 한 문장을 선교적으로 풀어냈습니다. 책을 읽다 보면 결국 우리 삶을 에워싸는 것은 바로 하나님의 은혜이며, 그 은혜를 기억하고 살아 내고 전하는 것이야말로 인생에서 가장 소중한 일이라는 사실을 깨닫게 됩니다. "삶의 방향을 자신의 허기를 채우려는 목적으로 설정하면 할수록 우리는 하나님이 계획하신 풍성한 삶과는 거리가 먼 삶을 살게 된다"는 글귀 하나만으로도 이 책을 접할 이유는 충분합니다. 치열한 현실 속에서 하나님의 은혜를 갈구하는 그리스도인들, 특히 인생의 방향을 설정할 청년들에게 유익한 책입니다. 저자의 절절한 고백과 사고의 지평을 넓혀 주는 문장들, 선교적 통찰 등이 어우러진 이 귀한 책을 기쁘게 추천합니다.

- 이태형 기록문화연구소 소장

내 삶을 에워싸는 하나님의 은혜

〈하나님의 은혜〉라는 찬양 가사를 쓴 지도 벌써 20년이 다 되어 간다. 스무 살이 되던 해 어느 여름날, 나는 러시아어권 선교사가 되겠다고 기도했다. 그날 이후 선교를 위해 10년을 준비했다.

마침내 카자흐스탄 선교사로 파송받기 며칠 전, '드디어 나의 헌신이 나로 하여금 선교사가 되게 하는구나' 생각하며 스스로를 무척 기특하게 생각한 순간이 있었다. 바로 그때, 나는 내 인생에 있어 두 번째로 아주 분명한 하나님의 마음을 들었다. "은아야, 네가 헌신할 수 있는 것도 다 내 은혜야." 하나님의 음성을 듣고 너무도 부끄러워 그분 앞에 엎드릴 수밖에 없었다. 그리고 펑펑 울며 이렇게 일기장에 써 내려갔다.

나를 지으신 이가 하나님
나를 부르신 이가 하나님
나를 보내신 이도 하나님
나의 나 된 것은 다 하나님 은혜라

나의 달려갈 길 다 가도록

나의 마지막 호흡 다하도록

나로 그 십자가 품게 하시니

나의 나 된 것은 다 하나님 은혜라

한량없는 은혜 값을 길 없는 은혜

내 삶을 에워싸는 하나님의 은혜

나 주저함 없이 그 땅을 밟음도

나를 붙드시는 하나님의 은혜

이 고백을 드린 후 나는 카자흐스탄 땅을 밟았다. 하나님께 대한 헌신조차도 나를 향한 하나님의 은혜로 말미암는다는 사실을 깨닫고 확신한 후 그 땅에 발을 내디뎠다. "누가 주께 먼저 드려서 갚으심을 받겠느냐"(롬 11:35)라는 바울의 고백을 내 인생의 고백으로 삼으며….

그날 이후 나의 자격과 권리로서가 아닌 빚진 자로서 내 삶의 자리를 지키려 노력했지만, 한결같이 이 고백에 합당한 모습으로만 살아온 것은 아니다. 그럼에도 불구하고 놀랍게도 나는 오늘도 하나님의 선교에 동참하는 자리에 서 있다. 이 사실 자체가 내 삶을 에워싸는 하나님의 은혜를 역력히 증거한다. 나를 향한, 우리를 향한 그리고 열방을 향한 하나님의 변함없는 헌신, 하나님의 한량없는 은혜 때문에 나도, 하나님의 사람들도 하나님의 선교에 동참할 수 있는 것이다.

유진 피터슨(Eugene Peterson)은 이렇게 말한다. "신앙인에게 과거는 휴가철 한때 방문차 둘러보는 복귀된 역사 현장이 아니라, 일구고 고르고 심고 비옥하게 만들어 수확을 위해 수고하는 밭이다."[1] 그렇다. 예수 그리스도를 믿는 이의 과거는 그저 시간이 날 때 한 번쯤 찾아가 가볍게 둘러본 후 쉽게 잊어도 되는 공간이 아니다. 오히려 또 한 번의 수확을 기대하며 성실히 가꾸고 다듬어야 하는 밭과 같다. 유진 피터슨의 이 같은 생각에, 신앙인에게 과거란 '미래에 거두게 될 열매를 바라보며 가꾸고 돌보는 곳일 뿐만 아니라, 당시에는 미처 알아보지 못하고 지나쳤던 지난날의 열매도 새롭게 발견할 수 있는 곳'이라는 나의 생각을 더해 본다.

어쩌면 이 글을 쓰는 이유 중 하나도 과거라는 밭을 가꾸고 돌아보기 위함인지도 모르겠다. 무엇을 다 이루어서도, 무엇이 이미

되어서도 아니라, 더 늦기 전에 미처 감사드리지 못하고 지나쳤던 과거의 열매로 인해 하나님께 감사드리기 위해서다.

"너희는 이전 일을 기억하지 말며 옛날 일을 생각하지 말라"(사 43:18)라는 하나님의 말씀을 대언한 이사야의 외침이 "너희는 옛적 일을 기억하라"(사 46:9)라는 다소 상충되는 외침과 함께 들려올 때 우리는 이 두 말씀을 어떻게 이해해야 할까?

"옛날 일을 생각하지 말라"라는 하나님의 말씀 속에는 '과거에 묶여 오늘, 지금, 여기에서 새 일을 행하고 계시는 하나님을 놓치지 말라'는 의미가 담겨 있는 것은 아닐까. 동시에, "옛적 일을 기억하라"라는 말씀 속에는 '시작과 끝을 아시고, 시작과 끝을 주관하시는 전지전능하신 하나님이 어제에 이어 오늘도 행하고 계신 일과 그분의 목적을 부지런히 기억하라'는 뜻은 아닐까.

나는 이 글을 통해 옛적부터 계신 하나님을 기억하고, 옛적부터 계신 하나님 아버지께서 내 삶에 이루신 귀한 일들로 인해 감사드리기 원한다.

바울은 이렇게 고백했다. "그러나 무엇이든지 내게 유익하던 것을 내가 그리스도를 위하여 다 해로 여길뿐더러 또한 모든 것을 해로 여김은 내 주 그리스도 예수를 아는 지식이 가장 고상하기 때문이라 내가 그를 위하여 모든 것을 잃어버리고 배설물로 여김은 그리스도를 얻고 그 안에서 발견되려 함이니 내가 가진

의는 율법에서 난 것이 아니요 오직 그리스도를 믿음으로 말미암은 것이니 곧 믿음으로 하나님께로부터 난 의라 내가 그리스도와 그 부활의 권능과 그 고난에 참여함을 알고자 하여 그의 죽으심을 본받아 어떻게 해서든지 죽은 자 가운데서 부활에 이르려 하노니 내가 이미 얻었다 함도 아니요 온전히 이루었다 함도 아니라 오직 내가 그리스도 예수께 잡힌 바 된 그것을 잡으려고 달려가노라"(빌 3:7-12).

이 고백에서 '주 그리스도 예수를 아는 지식'이 가장 소중하다는 사실을 알기에 그것이 우선 되도록 '모든 것을 잃어버리고 배설물'로 여기며 달려가는 바울을 본다. 나 또한 바울과 같이 첫째 된 것을 첫째로 알고, 그것을 우선시할 뿐만 아니라, 그 우선 된 것이 내 삶 전체에 만연하기를 원한다. 이를 위해 푯대를 향하여 달려가는 중 잠시 멈추어 '그리스도를 얻고 그 안에서 발견'되는 삶을 소망하며 이 글을 쓴다.

이 글을 쓰는 또 하나의 목적은, 하나님의 선교는 우리 삶에 냉철하게 던져진 하나의 명령이기보다는 우리를 향한 하나님의 은혜로운 초대임을 이야기하고 싶어서다. 우리가 하나님의 선교에 동참할 수 있는 까닭은 그 일이 가능하도록 베푸시는 하나님의 은혜 때문이다.

바울의 또 다른 고백을 떠올려 본다. "깊도다 하나님의 지혜와 지식의 풍성함이여, 그의 판단은 헤아리지 못할 것이며 그의 길은 찾지 못할 것이로다 … 이는 만물이 주에게서 나오고 주로 말미암고 주에게로 돌아감이라 그에게 영광이 세세에 있을지어다 아멘"(롬 11:33, 36). '깊음'은 숨겨져 있음을 암시한다. 바울은 하나님의 지혜와 그분의 지식과 그분의 판단과 그분의 길이 너무도 깊어서 우리에게는 숨겨져 있음에 감탄해 마지않았다.

하나님의 지혜와 지식, 그 행하심의 이유와 방법은 우리 스스로 깨달아 헤아리기에는 너무나도 깊다. 우리의 눈으로는 도저히 확인할 수 없을 만큼 깊다. 우리의 논리로는 그 깊이를 결코 이해할 수 없다. 그래서 우리에게는 숨겨져 있는 하나님의 지혜와 지식이 항상 남아 있다. 그리고 이 사실은 우리 모두를 겸손하게 한다.

이처럼 하나님의 지혜와 지식은 너무나도 깊어 때로는 감추어져 있는 듯하나, 이보다 더 분명한 사실은 없다. 그 무엇보다 분명한 현실이자 사실이 하나님이시다. 하나님의 지혜와 지식이다. 그래서 하나님의 지혜와 지식이 모든 것의 기초가 된다. 깊이 들어가면 들어갈수록, 궁극적인 사실이 밝혀지면 밝혀질수록 거기에는 항상 하나님 그분이 계신다. 하나님 자신을 넘어서는 그 어떠한 설명도 존재할 수 없다. 그래서 우리 모두의 시작과 끝은 깊고 깊어 결코 마르지 않으며 다함없고 고갈되지 않는 하나님의 지혜와 지식 안에 있는 것이다.

하나님에 대한 모든 언어는 "신앙의 유추(inference)이며, 우리가 하나님에 대해서 아는 것보다 알지 못하는 것"을 말하고 있는 것이라는 찰스 반 엥겐(Charles Van Engen)의 설명과 같이, 깊고도 깊은 하나님에 대한 이해를 나 스스로의 힘만으로는 얻을 수 없다. 또한 그 하나님을 나의 제약된 글로 다 담아낼 수 없음을 고백한다. 그러나 훗날 (언제가 될지는 모르지만) 하나님의 선교, 하나님의 은혜에 대한 보다 더 깊은, 더 넓은 이야기를 나눌 수 있기를 소망한다.

이 글은 총 8장으로 구성되어 있다. 들어가는 말과 나가는 말을 제외한 각 장의 제목은 〈하나님의 은혜〉라는 찬양 가사를 통해 고백한 주요 구절로 대신한다. 각 장은 각 구절들 속에 담긴 하나님의 선교 개념과 실천을 다루되, 하나님의 선교에 동참하며 삶 속에서 누리게 된 하나님의 은혜에 주목한다. 또한 개인 묵상, 혹은 소그룹 나눔을 위한 질문으로 마무리된다.

지극히 풍성하신 하나님의 지혜와 지식을 찬양하기 위해 쓴 이 글은, 하나님의 심오한 진리가 발견되는 현장은 구체적인 삶의 현장[2]이라 믿는 믿음 위에 서 있다. 일상 속에 담긴 실례는 하나님에 대한 나의 믿음과 하나님의 복음이 나의 삶을 어떻게 만들어 가고 있는지를 반영한다. 일상의 참 의미는 일상을 끌어안고 있는 하나님의 이야기 속에서만 발견된다. 하나님이 내 삶에 행하고 계신 일과 그 행하심의 의미를 묘사하는 길을 찾는 것은 중요한 신학적이고도 선교학적 작업이라 믿는다.

2021년 2월

조은아

1.

나를 지으신 이가 하나님

창조주 하나님 / 창조의 생기

창조주 하나님을 믿는다는 고백은
나 자신의 존재 목적이
나만을 위한 삶, 나만을 위한 믿음, 나만을 위한 구원이
아님을 인정하는 것이다.

◇◇   창조주 하나님

창조주 하나님의 이름이 내 마음 깊이 새겨지게 된 계기가 있다. 러시아 유학 이후의 일이다.

나는 3년간의 러시아 유학 생활 끝에 영양실조로 힘없이 누워 있는 날이 많았다. 유학 동기와 목적이 선교였기에 주어진 시간 동안 공부에도, 사역에도 열정적이었다. 시간을 아껴야 한다는 생각에 하루 한 끼만 먹으며 최선을 다해 공부했다. 시간을 쪼개 러시아 대학생들을 위해 영어 성경 공부도 인도했다. 남다른 책임감 하나로 한인 선교사님들에게는 러시아어를 가르쳐 드렸다. 그렇게 해야 할 것만 같았다. 그렇게 열심을 다해 지치도록 애쓰는 것이 내가 해야 할 도리라 믿었다. 홀로 모든 것을 완벽히 책임질 수 있는 사람인 양 그 어떤 요구와 도움 요청에도 거절 없이 반응했다.

그러나 이 같은 유학 생활의 끝은 아팠다. 슬펐다. 아픈 몸만큼 마음도 아팠다. 건강뿐만 아니라 선교에 대한 열정도 잃어버린 채 이제는 온 힘을 다해 선교와 관련된 모든 것을 그 기억조차 모조리 뜯어내 버리고 싶어졌다. 하나님에 대한 원망도 하나님에 대한 오해만큼 컸다.

하나님에 대한 나의 오해는 무엇 때문이었을까? 돌이켜 보건대, 하나님을 향한 오해의 뿌리는 다름 아닌 나의 가치 편견에 있었던 것 같다.

우리 모두는 각자의 문화 속에 깊이 뿌리내려 무의식적으로 학습되고 전수되는 가치와 원리를 가지고 살아간다. 태어나 자라온 고유문화의 가치와 원리는 세월을 따라 개인과 공동체 안에서 자연스럽게 습득되고 공유되면서 절대적 혹은 일반적인 것으로 받아들여진다. 바로 이러한 문화적 가치와 가치 편견이 하나님의 말씀과 하나님까지도 여과하는 거름종이와 틀을 만들어 버린다. 따라서 하나님 나라의 일에 헌신했다고 자부하는 사람 역시도 자신의 고유문화가 낳은 사고의 틀과 고정 문화 속에 뿌리내린 판단과 해석의 잣대로부터 자유로울 수 없다. 결과적으로, 지극히 문화적인 것을 '논리'라는 이름으로 절대화하는 실수를 거듭 행하게 되는 것이다.

그렇다면 나는 러시아 유학 전후에 어떤 가치 편견으로 어떤 판단과 해석을 낳으며 살았던 것일까? 다른 무엇보다 나의 헌신과 노력에 부여된 하나님의 보상에 대한 고정(default) 가치와 편견으로 감히 하나님까지도 평가했던 것 같다.

구체적으로 말하면 이렇다. 선교 하나만을 붙잡고 살다가 그토록 굳게 닫혀 있던 소비에트 연방의 문이 열리자 바로 그 험한 땅을 찾아가 수고한 나에게 하나님은 당연히 복 주셔야 한다고 생각하며 살았던 것 같다. 그런데 그 기대와 판단과는 달리 몸도, 마음도 연약해진 채 집으로 돌아오게 된 나는 "어떻게 나같이 귀한 사람을 이렇게까지 내버려 두실 수 있습니까?"라고 질문하며 하나님을 원망했던 것이다. 참 많은 일을 홀로 감당하며 감수했던 고생이, 그 세월 속 곳곳에 묻힌 '하나님을 위한' 수고가 그 어떤 보상도 없이 마무리되는 것처럼 보이자 '옳지 않으신' 하나님을 향해 분노했던 것이다. 내 안에 깊이 뿌리내린 가치 편견에 비춰 볼 때 가장 당연하고 분명해 보였던 보상의 기회를 잃게 되자 나 자신뿐만 아니라 하나님까지도 판단하고 평가했던 것이다.

그렇게 하루하루 살고 있던 어느 날, 오빠가 내게 말을 걸어왔다. "은아야, 하나님은 너를 노동자로 부르신 것이 아니야." 정확히 언제 그리고 어디서 이 말을 했는지는 잘 기억나지 않지만, 오빠의 이 짧은 말의 여운은 길고 깊었다. 그리고 그 여운 속에서 나는 깨달았다. 러시아에서의 삶은 힘겨운 노동이었다는 사실을…. 나는 나 자신을 하나님의 귀한 딸로 여기기보다는 나의 존재 가치를 노동의 양과 질로 측정받는 일꾼으로, 품꾼으로 여겼던 것이다.

며칠 후 하나님은 당신과의 친밀한 교제를 위해, 깨어진 관계의 회복을 위해 사랑으로 나를 창조하셨다는 사실을 심장 가득히 느끼도록 도우셨다. 창조주 하나님은 영양실조로, 선교에 대한 회의적 태도로 힘없이 쓰러져 있던 나를 일으켜 세우시며 시편 기자의 고백을 소리 내어 전심으로 외치게 하셨다. "여호와는 모든 나라보다 높으시며 그의 영광은 하늘보다 높으시도다 여호와 우리 하나님과 같은 이가 누구리요 높은 곳에 앉으셨으나 스스로 낮추사 천지를 살피시고 가난한 자를 먼지 더미에서 일으키시며 궁핍한 자를 거름 더미에서 들어 세워 지도자들 곧 그의 백성의 지도자들과 함께 세우시며 또 임신하지 못하던 여자를 집에 살게 하사 자녀들을 즐겁게 하는 어머니가 되게 하시는도다 할렐루야"(시 113:4-9).

그때 일기장에 써 내려간 고백이다.

창조의 생기

눈물 골짜기를 지나
메마른 땅에 거하여도
그가 나를 창조의 생기로
일으키시며

하늘 저 끝을 지나
바다 저 끝에 거하여도
그가 나로 구원의 소리를
듣게 하시는도다

나의 창조자
당신의 생기로
나를 일으키시며

나의 구원자
당신의 소리로
나를 붙드소서

어디에 있든지
당신의 생기로
나 일어나

어디를 가든지
구원의 소리를
외치게 하소서

A. W. 토저(Tozer)는, 우상 숭배는 하나님께 합당하지 못한 생각
을 품는 것이라고 지적하며 하나님에 대한 우리의 생각을 정결케
할 것을 촉구한다. 그리고 이렇게 말한다. "하나님을 생각할 때 우
리 마음에 떠오르는 바로 그것이 우리에게 가장 중요한 것이다."[1]

내 인생의 의미를 바로 알려면 내 인생의 한 부분을 거느리고
있는 큰 이야기를 알아야 한다. 그 큰 이야기를 알아야만 내 삶에
부여되는 진짜 이야기의 진정한 의미 역시 바르게 해석할 수 있
게 된다. "마지막 때까지 영원토록 이끄시는 우리 하나님의 이야
기"(시편 48:14, 메시지), 역사(History)인 그분(His)의 이야기(Story) 속
에서만 나의 이야기도 "힘입어 살며 기동하며 존재"할 수 있는 것
이다(행 17:28).

따라서 우리에게 있어 가장 엄숙하고도 중요한 것은 우리의 말이

나 행동이 아니라, 우리의 인생을 품고 있는 더 큰 이야기, 하나님에 대한 생각, 하나님에 대한 이해, 하나님에 대한 믿음이다. 그 어느 때보다 빠른 속도로 변화하며 새로운 규범들을 제시하고 있는 오늘의 세상 속에서도 여전히 교회가 대면해야 할 가장 중요한 질문의 중심에는 우리 존재의 핵심이 되시는 하나님이 계셔야만 한다.

다니엘서를 통해 우리는 다양한 하나님의 이름을 만난다. '주 하나님', '하늘에 계신 하나님', '열조의 하나님', '은밀한 것을 나타내시는 이', '크신 하나님', '신들의 신', '왕의 주재', '지극히 높으신 하나님', '건져 낼 신', '우리 하나님', '사드락, 메삭, 아벳느고의 하나님', '하늘의 왕', '하늘의 주재', '왕의 호흡을 주장하시는 하나님', '사시는 하나님', '다니엘의 하나님', '옛적부터 계신 자', '주', '하나님 여호와', '영생하시는 자' 등이다. 이 모두는 다니엘이 그의 삶 속에서 직접 경험하여 기록한 하나님의 이름들이다.

다니엘보다 먼저, 아니 성경 속 그 누구보다도 먼저 하나님께 이름을 지어 드린 자가 있다. 바로 하갈이다. "하갈이 자기에게 이르신 여호와의 이름을 나를 살피시는 하나님이라 하였으니 이는 내가 어떻게 여기서 나를 살피시는 하나님을 뵈었는고 함이라"(창 16:13).

하갈은 자기 삶의 현장 한복판에서 경험한 하나님께 '나를 살피시는 자'라는 이름을 붙여 드렸다. 우리는 삶 속에서 어떤 하나님을 경험하여 그 이름으로 하나님을 부르고 있는가? 하나님을 생각할 때 우리 마음에 가장 먼저 떠오르는 것은 무엇인가? 내 삶의 한복판에서 경험한 하나님의 이름 중 하나는 바로 '나를 지으신 하나님'이다.

◇◇ 창조의 생기

나는 창조주 하나님을 알고 믿으며 예배한다. 모든 피조물은 자신이 존재하기 위해 자신 '밖'의 그 무엇을 필요로 한다. 이처럼 의존적일 수밖에 없는 모든 창조물과 달리, 모든 생명의 근원 되시는 창조주 하나님은 스스로 계시는 자다. 하나님은 자신 밖의 그 무엇, 자신 밖의 그 누구도 필요로 하지 않고 스스로 존재하신다.

이처럼 자존하시는 하나님이 우리를 창조하셨다. 하나님은 자존하시는 삼위일체 '안'의 사랑을 더욱 온전하고 풍성하게 하기 위해 삼위일체 하나님 '밖'의 그 어떤 것이 필요하지 않음에도 세상을 창조하기로 선택하신 것이다. 하나님의 본질인 사랑이 창조를 가능하게 한 것이다. 그러므로 하나님의 창조는 '필요'에 의한 창조가 아닌, 철저히 '사랑'에 근거한 창조다. 내가 그리고 우리 모두가 오늘 이 땅에 존재할 수 있음은 다름 아닌 하나님의 사랑 때문이다. 창조는 하나님의 사랑 이야기다.[2]

창조는 하나님의 사랑 이야기인 동시에 공동체의 이야기이기도 하다. 사랑으로 우리를 지으신 창조의 하나님은 공동체의 하나님이시고, 창조의 목적 또한 공동체이기 때문이다.[3] 인간과 하나님, 인간과 인간 그리고 인간과 피조물의 교제로 이루어지는 공동체가 바로 창조의 목적이다. 따라서 창조주 하나님을 믿는다는 고백은 나 자신의 존재 목적이 나만을 위한 삶, 나만을 위한 믿음, 나만을 위한 구원이 아님을 인정하는 것이다.

그러나 하나님을 예배하기보다는 스스로 하나님이 되기를 선택한 인간의 타락으로 말미암아 하나님과 인간의 관계, 인간 공동체 간의 관계, 인간 공동체와 피조물의 관계가 깨어졌다. 그럼에도 하나님은 타락한 창조 세계를 파괴하고 새로운 우주를 창조하지 않으셨다. 망해 가는 세상에 등을 돌리는 대신 사랑으로 세상을 향해 얼굴을 돌리심으로 "잃어버린 자기 백성과 자신의 나라인 세상을 회복하시기 위해 기나긴 구속의 행로"를 시작하신 것이다.[4]

이것이 하나님의 선교의 시작이다. 잃어버린 자를 구속하고 회복하시는 "하나님의 구속의 사랑"이 하나님의 선교의 심장 깊은 곳에 흐르고 있는 것이다.[5] 이처럼 처음부터 하나님의 사랑이 그 근원이 되어 우리에게, 우리를 통해 그리고 우리 너머 오늘까지도 넘쳐흐르고 있다. 이것이 바로 하나님의 선교다.

그러므로 선교는 우리의 행함으로 성취해야만 하는 부담스러운 명령이 아니라, 우리를 향한 하나님의 사랑이 빚어내는 은혜의 초청이라는 사실을 기억해야 한다. 하나님의 은혜로 가득한 선교를 우리의 책임감으로만 채우려는 것은 잘못이다.

크레이그 바르톨로뮤(Craig Bartholomew)와 마이클 고힌(Michael Goheen)은 다음과 같이 말한다. "하나님이 이스라엘 백성을 구원하신 것은 그들을 향한 그분의 은혜로운 사랑 때문이지 그들이 구원을 받을 만하거나 하나님께 순종함으로써 그것을 얻어 낸 것이 아니다(신 7:7-8). 그러나 구원받은 이후 그들의 운명, 즉 왕 같은 제사장이요 거룩한 백성이 되어야 하는 운명은, 그들이 하나님의 통치 아래 적극적인 순종의 삶을 살기로 결단하고 순종할 때에만 이루어질 것이다."[6]

우리의 순종이 하나님의 계시를 앞설 수 없듯이, 하나님과 이웃을 향한 우리의 사랑과 헌신도 하나님의 창조의 사랑을, 그 사랑의 초청을 앞서갈 수 없다. 우리의 어떠한 선교적 노력도 결코 하나님의 선교를 앞설 수는 없는 것이다.

요나를 떠올려 보자. 니느웨가 구원받은 사건은 요나의 순종으로 이루어진 것이 아니다. 비록 처음에는 다시스로 떠났지만 결국 니느웨를 찾아간 요나의 헌신과 순종이 니느웨의 회개와 구원을 가져온 것이 아니다. 다른 무엇이 아닌, 열방을 향한 하나님의 구속적 목적과 계획이 니느웨의 회개와 구원을 가능하게 했다.

하나님의 사랑으로부터 흐르는 하나님의 초청이 우리가 순종하며 동참하는 모든 선교적 노력의 뿌리이자 원천이다. 따라서 우리는 선교의 주체와 원천이신 창조주 하나님의 사랑을 망각한 채 우리의 순종과 헌신만을 강조하는 실수를 반복해서는 안 된다.

나도 이제는 안다. 삶의 다양한 현장 속에서 눈물 골짜기 뒤에 찾아오는 것이 반드시 푸른 초장만은 아니라는 것을. 눈물 골짜기 이후에 우리를 기다리고 있는 것이 또 다른 메마른 땅, 끝없이 펼쳐진 광야일 수도 있다는 것을. 하나님 나라의 일에 대한 보상은 나의 계산과는 다르다는 것을. 그리고 메마른 땅, 광야에서도 하나님의 은혜를 경험할 수 있다는 것을 이제는 안다.

이 같은 사실도 이제는 안다. 깨어져 버린 이웃과의 관계뿐만 아니라 틀어져 버린 하나님과의 관계를 회복하시기 위해 그분은 당신이 누구인지를 친히, 새롭게 밝혀 주는 선하신 하나님이라는 것을. 그리고 나를 사랑으로 창조하신 하나님은 창조의 생기로 진토에 엎드러져 있는 나를 일으켜 방백들과 함께 앉히실 뿐만 아니라, 하나님의 구원의 소리를 방백들 가운데 외치게 하신다는 것을.

우리를 지으신 하나님의 사랑으로부터 흘러나오는 창조의 생기는 참으로 선교의 생기다. 하나님의 영이신 창조의 생기가 선교의 영으로 우리 모두에게 임한다.

1. 당신은 어떤 하나님의 이름을 알고 있는가? 하나님께 지어 드린 이름이 있는가?

2. 당신의 문화적 가치 편견으로 인해 자신과 하나님에 대해 오해한 적이 있는가? 만약 있다면, 그 오해의 뿌리가 된 가치 편견은 무엇이었다고 생각하는가?

3. 하나님의 선교는 하나님의 '명령'이기에 앞서 하나님의 은혜로운 '초청'이라는 말에 동의하는가? '명령'으로서의 하나님의 선교와 '초청'으로서의 하나님의 선교는 당신의 삶과 소명에 어떠한 영향을 미치는가?

2.

나를 부르신 이가 하나님

부르심 / "나를 따르라" / 임재 / 소망

하나님은 당신의 뜻을 처음부터 지금까지
당신의 은혜로 지키신다.
우리를 부르시는 하나님은
당신의 뜻을 은혜로 지키는 분이시다.

◇◇ 부르심

고든 맥도날드(Gordon McDonald)는 '부르심을 받은 자'(called persons)와 '의욕에 이끌리는 자'(driven persons)를 구분해 대조한다.[1] 특별히 세례 요한과 사울 왕을 각각의 예로 들며 둘의 차이를 논한다. 부르심을 받은 자는 청지기로서의 역할을 이해하고, 자기 정체성을 알며, 흔들리지 않는 목적의식을 가지고, 약해지지 않는 헌신을 실행하는 반면, 의욕에 이끌리는 자는 충족되지 않는 자신의 욕심에 떠밀려 가는 삶을 산다고 설명한다.

　창조주 하나님의 선한 부르심을 받은 우리 모두는 청지기로서 자기 정체성을 확고히 하고 한결같은 목적에 헌신하는 삶을 살기 위해 날마다 예수 그리스도를 따르는 제일 소명에 성실해야 한다.

우리는 모두 풀타임으로 부르심을 받은 자들이다. 전 생애적 소명을 받았다. 파트타임으로 하나님의 부르심을 받은 사람은 그 누구도 없다. 우리는 하나님의 주권으로, 하나님의 비전으로, 하나님의 능력으로 이 세상 속에 부르심을 받은 자들이다. 우리가 가진 직업은 다양하다. 뿌리내린 삶의 터전도 각양각색이다. 그러나 부르심은 하나다.

부르시는 분이 없는 부르심은 없다. 우리의 부르심은 우리를 부르시는 분에 의해 시작된 것이기에, 우리에게 가장 중요한 부르심은 '부르시는 분에게로'의 부르심이다. 우리의 부르심은 무엇을 하라는 부르심에 앞서 부르시는 분으로 인한, 부르시는 분을 위한, 부르시는 분에게로 향한 부르심임을 힘써 기억하자.

하나님의 부르심은 하나님의 임재의 약속으로 가득하다. 출애굽기 33장에서 우리는 모세와 하나님의 대화를 듣게 된다. 모세는 금송아지를 만들어 하나님의 말씀에 불순종한 이스라엘 백성을 계속해서 약속의 땅으로 인도해 가라고 말씀하시는 하나님께 반문했다. "주께서 내게 이 백성을 인도하여 올라가라 하시면서 나와 함께 보낼 자를 내게 지시하지 아니하시나이다"(출 33:12). 함께 이끌고 갈 사람 하나 분명히 약속하지 않으신 채 고집스럽고도 미성숙한 백성을 이끌고 마치 아무 일도 없었던 것처럼 다시 길을 떠나라는 하나님의 말씀에 불평한 것이다. 모세의 불평을 들은 하나님은 이렇게 말씀하셨다. "내가 친히 가리라 내가 너를 쉬게 하리라"(출 33:14).

이 말씀을 읽으며 깨달은 바가 있다. 우리에게 가장 큰 복은 다름 아닌 하나님의 '임재'라는 것이다. 그래서 이렇게 일기장에 적어 내려갔다.

축복하노라

나의 은총을 입은 이여
너를 아노라
너의 이름을
내가 아노라

나의 사랑을 아는 이여
함께 가노라
내가 친히
함께 가노라

내가 너로 편케 하며

나의 모든 선함으로
너의 앞을 지나며
나의 이름으로
너를 지키리라

나의 은총을 입은 이여
나의 사랑을 아는 이여
내가 너를 축복하노라[2]

우리 모두는 하나님의 은총을 입은 자들이다. 하나님의 은총
으로 창조되고 부르심을 받은 존재다. 우리를 지으신 창조주 하
나님은 우리를 아신다. 불평하는 우리를 너무나 잘 아심에도 하
나님은 우리를 사랑으로 부르신다. 그리고 평생토록 당신의 모
든 선함으로 우리 앞을 지나시며, 당신의 이름으로 우리를 지키신
다. 이처럼 우리를 부르시는 하나님은 당신의 임재를 약속하신다.
　삼위일체 하나님은 남자와 여자를 창조하셨다. 그리고 그들을
향한 당신의 마음을 알려 주셨다. "하나님이 자기 형상 곧 하나님
의 형상대로 사람을 창조하시되 남자와 여자를 창조하시고 하나
님이 그들에게 복을 주시며 하나님이 그들에게 이르시되 생육하
고 번성하여 땅에 충만하라, 땅을 정복하라, 바다의 물고기와 하늘

의 새와 땅에 움직이는 모든 생물을 다스리라 하시니라"(창 1:27-28).

그러나 자유를 부여받은 아담과 하와는 하나님의 마음에 불순종하는 선택을 하게 되었고, 그 결과 밀려드는 두려움과 수치심으로 인해 하나님의 낯을 피해 숨어 버렸다. 이때 숨어 있는 아담과 하와를 하나님이 먼저 찾으셨다. 부르셨다. 심판도 선언하셨다. 그러나 하나님은 그들을 쫓아내기에 앞서 피를 흘려 가죽옷을 지어 입히셨다. "여호와 하나님이 아담과 그의 아내를 위하여 가죽옷을 지어 입히시니라"(창 3:21).

옷을 벗기시는 것은 상속권의 박탈을 의미하는 반면, 옷을 지어 입히시는 것은 수치심을 가릴 대책을 마련해 주실 뿐만 아니라 인간을 향한 목적을 포기하지 않는다는 하나님의 마음을 보여 주신 것이기에[3] 감사하고 기쁘다.

하나님은 심판 중에도 인간을 향한 당신의 궁극적 계획을 포기하지 않으신다. 인간의 불순종과 타락에도 하나님의 사랑과 은혜는 지속되고, 인간을 향한 그분의 계획은 변하지 않는다. 결국 하나님은 친히 당신의 피를 흘려 사랑과 의를 동시에 이루신다. 그렇게 깨어졌던 하나님과 인간의 관계를 회복하신다. 비록 우리는 결함 있는 존재가 되었지만, 그럼에도 처음부터 받은 "하나님의 창조를 풍성하게 하라"는 우리를 향한 부르심은 그대로 유지된다.

하나님은 변할 줄 모르는 사랑과 은혜로 인간 된 우리가 그분의 형상대로 지음 받은 존재임을 깨닫게 하신다(창 5:1). 인간의 사명은 변함없이 생육하고 번성하여 땅에 충만하게 되는 것임을 지속적으로 알려 주신다(창 9:1, 7). 이처럼 하나님은 당신의 뜻을 처음부터 지금까지 당신의 은혜로 지키신다. 우리를 부르시는 하나님은 당신의 뜻을 은혜로 지키는 분이시다.

하나님의 부르심은 그분의 주권과 은혜의 결과다. 십자가를 가득 채우는 하나님의 은혜가 그분의 부르심도 채운다.[4]

◇◇ "나를 따르라"

오스 기니스(Os Guinness)는 인생의 목적에 대한 사람들의 응답을 크게 세 가지로 분류한다. '인생의 목적을 찾으려는 간절함은 환상에 지나지 않는다'고 믿는 첫 번째 부류가 있는가 하면, '삶의 목표란 자신만 발견할 수 있을 뿐 아니라 자신만 성취할 수 있는 것이다'라고 생각하는 두 번째 부류가 있다. 마지막 세 번째 부류에 속한 사람들은 이렇게 생각한다고 한다. '나를 창조한 창조주가 존재하시며 그 창조주만이 나의 삶의 목적, 소명을 알고 계신다.' 이 같은 세 번째 응답을 공유하는 이들에게 오스 기니스는 이렇게 권고한다. "나사렛 예수 그리스도의 '나를 따르라'라는 음성을 들으라."[5]

풀러신학대학원의 마크 래버튼(Mark Labberton) 총장은 예수 그리스도를 따르는 것이야말로 우리가 붙잡고 살아 내야 할 가장 첫째 되는 "제일 소명"이라고 말한다.[6] 폴 스티븐스(Paul Stevens) 역시 소명(vocation)이라는 것은 "누가 부르는가?"(who is doing the calling?)라는 질문을 던지는 것이며, 부르심을 이야기할 때에는 "무엇을 하기로 부르심을 받았는가?"가 아닌 "누구에게로 부르심을 받았는가?"가 가장 근본적인 질문이라고 지적한다.[7]

그렇다. 부르심의 주체가 예수님이시라는 사실이 부르심을 이야기할 때 가장 중요하다. "나를 따르라"라는 예수님의 부르심이 우리에게 가장 중요한 부르심이다. "무엇을 하며 예수님을 따를 것인가?"는 이차적인 부르심인 것이다.[8] 그럼에도 우리는 이차적인 부르심을 일차적인 부르심보다 먼저 이루고자 하는 유혹을 만난다. 그때마다 우리는 우리가 가장 중요한 부르심, 즉 예수님을 따르는 제일 소명을 일상의 평범한 행위이자 이차적인 부르심을 통해 실천하도록 부르심을 받은 존재임을 반드시 기억해야 한다.

월터 브루그만(Walter Brueggemann)은 하나님의 부르심을 제자로의 부르심으로 설명한다. 그리고 우리를 부르시는 하나님은 생명을 주시는 하나님, 모든 생명이 당신에게로 돌아오기를 원하시는 하나님이라고 말한다. 따라서 하나님께로 돌아오는 모든 생명은 자신을 하나님께 기쁨으로 되돌려 드리는 찬양의 삶으로 그리고 하나님의 뜻을 따라 그분이 의도하신 바에 적극적으로 참여하는 순종의 삶으로 부르심을 받은 것이라고 주장한다.[9]

찬양과 순종의 제자로의 부르심은 지금까지의 편안하고 안정된 삶에 혼란과 위험을 가져올 수도 있는 부르심이다. 아브라함도, 모세도, 베드로도, 스데반도 모두 혼란과 위험을 경험했다. 하나님의 부르심은 옛 삶을 버리라는 부르심, 자신을 부인하며 자기 십자가를 지라는 부르심, 이 땅이 아닌 하늘에 소망을 두라는 새로운 궤도로의 부르심이기 때문이다. 하나님의 부르심은 결정적인 변화를 요구하며 정착되고 안정된 삶에 불편함을 줄 수도 있는 부르심이다. 평온하고 즐거워 보이는 삶에 혼란을 줄 수도 있지만 그 무엇에도 비할 수 없는 선한 부르심이다. 온 세상을 품고 역사하시는 선하신 하나님의 부르심이기 때문이다.

그렇다면 선하신 하나님의 선하신 부르심을 받은 자는 누구인가? 누가 "나를 따르라"라는 부르심을 받았는가? 온 교회다. 예수 그리스도의 몸 전체가 부르심을 받았다. 예수 그리스도의 몸을 가리키는 '하나님의 백성'(헬. laos)은 '평신도'(영. laity)의 어원이기도 하기에 하나님의 백성은 모두 평신도(laity)라고 할 수 있다. 동시에, 모든 하나님의 백성은 제사장이기도 하다(출 19:6; 벧전 2:4, 9-10).

이는 더 이상 우리에게 새롭거나 충격적인 사실이 아니다. 약 500년 전인 1517년, 중세 성직자 중심의 부르심에 대한 생각을 뒤엎으며 온 교회가 그리스도 예수 안에서 왕 같은 제사장으로 부르심을 받았다는 제사장직의 성경적 근거를 되찾은 종교 개혁 운동이 있었다.

하지만 그럼에도 오늘날까지 교회 안에 여전히 성직자 중심의 부르심의 패러다임이 유지되고 있는 현실을 부인할 수 없는 것은 참으로 안타까운 일이다. 더 나아가 비록 하나님의 백성 모두가 부르심을 받은 자라는 사실을 인정한다 하더라도, 아직은 대부분의 가르치는 자나 가르침을 받는 자가 교회 담장 너머 세상과는 일정 거리를 유지하고 있는 것 역시 현실이다. 이 또한 가슴 아픈 일이다. 부르심을 받은 모든 사람은 하나님이 이처럼 사랑하사 독생자를 주신 세상(요 3:16) 속에서 각자의 부르심에 합당한 열매를 맺도록 준비되고 후원받아야 마땅하다. 그런데 우리는 아직도 지나치게 내향적이고 구심적인 사고방식으로 교회를 종교적 게토(ghetto)로 만들고 있는 것은 아닌지[10] 엄격히 반성해야 한다.

그리스도의 몸의 각 지체가 행사하도록 부르심을 받은 제사장직은 "세상의 일터에서 영위하는 일상적 삶과 일을 통해 행사하게끔 되어 있다."[11] 이 같은 믿음 위에 선 하나님의 백성이 교회와 세상 속에서 자신의 부르심에 합당한 역할을 충분히 감당할 수

있도록 그들을 "섬기고, 양성하고, 부양하고, 지도하는 목회적 제
사장직"[12]이 건강하게 세워져야 한다. 교회 안에서뿐만 아니라 교
회 밖 세상 한복판에서도 이차적 부르심에 합당한 모습으로 예수
그리스도와 교회의 다양한 사역을 감당하며 예수 그리스도를 따
르라는 일차적 부르심에 반응하는 하나님의 백성, 예수 그리스도
의 몸 된 온 교회가 되어야 할 것이다.

◇◇ 임재

성경에서 우리는 특별한 때에 특별한 사명을 받는 사람들에게 당
신의 임재를 약속하시는 하나님을 자주 발견하게 된다. 요셉이
애굽에 노예로 팔려 보디발의 집에 살게 되었을 때도, 여호수아
가 모세를 이어 이스라엘 민족을 이끌게 되었을 때도, 제자들이
'모든 민족을 제자 삼으라'는 예수 그리스도의 마지막 부탁을 받
았을 때도 하나님의 임재가 약속되었다. 하나님의 임재 없이는
그 누구도 맡겨 주신 사명을 잘 감당할 길이 없다. 그러하기에 하
나님의 임재야말로 그분의 일을 감당할 때 우리가 바라고 의지할
수 있는 가장 큰 복일 것이다.
    앞서 소개한 〈축복하노라〉 가사를 쓰기 전부터 오랫동안 좋아

했던 시편 말씀이 있다. "내가 주의 영을 떠나 어디로 가며 주의 앞에서 어디로 피하리이까 내가 하늘에 올라갈지라도 거기 계시며 스올에 내 자리를 펼지라도 거기 계시니이다 내가 새벽 날개를 치며 바다 끝에 가서 거주할지라도 거기서도 주의 손이 나를 인도하시며 주의 오른손이 나를 붙드시리이다 … 내가 깰 때에도 여전히 주와 함께 있나이다"(시 139:7-10, 18).

한때 나는 이 성경 구절을 무척 자주 머릿속에 떠올리며 되뇌곤 했다. 어찌 보면 내 인생 중 가장 외로운 시절이었던 듯하다. 당시 나는 때로는 시집을, 때로는 성경책 한 권을 손에 들고 동네 작은 공원의 한적한 호숫가를 찾아, 아직 아무도 깨어 있지 않은 어두운 새벽녘, 홀로 날개를 치며 더 이상 멀리 갈 수 없는 바다 끝을 향하는 나 자신을 상상하는 것만으로도 큰 자유와 위로를 느끼곤 했다. 비록 세월이 흐른 뒤에야 이 말씀이 그 어떤 외로움도 느낄 필요가 없는 어느 한적하고 평화로운 장소를 찾아 도망가는 것이 아닌, 하나님의 끊임없는 임재의 약속임을 깨닫게 되었지만 말이다.

성경은 하나님의 임재를 약속받을 만한 자격이 없는 자들이 하나님의 임재를 약속받은 이야기로 가득하다. 그들 중 한 명이 바로 야곱이다. 야곱은 형으로부터 장자권을 빼앗고 브엘세바를 떠나 하란으로 도망가는 길에 꿈을 꾸었다. 그리고 그 꿈속에서 하나님의 약속을 들었다. "나는 여호와니 너의 조부 아브라함의 하나님이요 이삭의 하나님이라 네가 누워 있는 땅을 내가 너와 네 자손에게 주리니 … 내가 너와 함께 있어 네가 어디로 가든지 너를 지키며 너를 이끌어 이 땅으로 돌아오게 할지라 내가 네게 허락한 것을 다 이루기까지 너를 떠나지 아니하리라"(창 28:13, 15).

하나님의 임재 약속을 자격 없이 누린 또 다른 무리가 있다. 바로 이스라엘 백성이다. "이스라엘 자손 온 회중이 그 광야에서 모세와 아론을 원망하여 이스라엘 자손이 그들에게 이르되 우리가 애굽 땅에서 고기 가마 곁에 앉아 있던 때와 떡을 배불리 먹던 때에 여호와의 손에 죽었더라면 좋았을 것을 너희가 이 광야로 우리를 인도해 내어 이 온 회중이 주려 죽게 하는도다"(출 16:2-3).

하나님의 구속 역사 한가운데 서 있으면서도 빵을 구하기에 급급한 이스라엘 백성에게 하나님은 빵의 문제가 아닌 하나님의 임재 문제를 언급하셨다. 그리고 이렇게 약속하셨다. "저녁이 되면 너희가 여호와께서 너희를 애굽 땅에서 인도하여 내셨음을 알 것이요 아침에는 너희가 여호와의 영광을 보리니 이는 여호와께서 너희가 자기를 향하여 원망함을 들으셨음이라"(출 16:6-7).

당장의 목마름과 배고픔을 채우는 일을 최고의 우선순위로 정하고 오늘을 살아가는 우리에게도 하나님은 당신의 임재를 약속하신다. '생명의 떡' 되시는 하나님의 임재 안에는 주림이 없고

(요 6:35), '생명수 샘물' 되시는 하나님의 임재 안에는 목마름도 없다(계 21:6).

이같이 더할 나위 없이 풍성한 하나님의 임재는 마지막 날에도 약속되어 있다. "하나님의 장막이 사람들과 함께 있으매 하나님이 그들과 함께 계시리니 그들은 하나님의 백성이 되고 하나님은 친히 그들과 함께 계셔서 모든 눈물을 그 눈에서 닦아 주시니 다시는 사망이 없고 애통하는 것이나 곡하는 것이나 아픈 것이 다시 있지 아니하리니 처음 것들이 다 지나갔음이러라"(계 21:3-4).

우리를 지으시고, 부르시는 하나님은 이처럼 당신의 임재를 우리에게 약속하신다. 그리고 그 임재로 우리를 복되게 하신다.

◇◇   소망

당신의 임재로 채우시는 하나님의 부르심은 우리의 소망이다. 우리는 '우리가' 하나님을 찾고 또 찾았더니, '우리가' 하나님을 발견함으로, '우리가' 하나님을 알게 되었다고 착각할 때가 있다. 그러나 실은 정반대다. 우리에 앞서 우리를 먼저 찾고 계시는 하나님을 기억해야 한다.

오스 기니스는 이 사실을 이렇게 설명한다. "하나님 없이 우리는 하나님을 찾을 수 없다. 하나님 없이 우리는 하나님께 닿을 수 없다. 하나님 없이 우리는 하나님을 만족하게 할 수 없다. 이는 하나님의 은혜가 그 일을 시작하기 전에는, 하나님의 부르심이 우리를 하나님께로 이끌고 이를 완성하기 전에는 우리의 하나님을 찾고자 하는 노력은 항상 부족하다는 의미다."[13]

혹시라도 우리가 먼저 하나님을 찾기 시작한다 할지라도, 결국 우리는 하나님 안에서 발견되는 것으로 마무리된다. 우리가 먼저 하나님을 찾기 시작한 것 같지만, 우리는 항상 하나님에 의해서 먼저 발견되는 것이다. 탕자의 비유가 이 사실을 확연히 드러내지 않는가. 탕자의 귀향은 탕자의 결심만으로 완성될 수 없었다. 탕자가 다시금 아버지 집으로 돌아와 안식할 수 있었던 것은 그를 기다리는 아버지가 있었기 때문이다.

헨리 나우웬(Henri Nouwen)은 러시아 상트페테르부르크에 위치한 에르미타주 박물관에서 렘브란트의 〈탕자의 귀향〉을 오랜 시간 지켜본 끝에 '자비로운 아버지의 환영'이라는 새로운 제목을 그 작품에 선물했다.[14] 렘브란트의 손에 그려진 아버지, 즉 아들의 귀향을 그 누구보다 사모하며 기다리다 마침내 그 아들을 환영하는 아버지를 그는 이렇게 묘사한다. "창조의 시작부터 자비로운 축복 속에 자신의 팔을 뻗어 억지로 붙잡지 않으시고 오히려 언제나 기다리시는 아버지, 절망으로 인해 팔을 거두지 아니하시고 자녀들에게 사랑의 말을 속삭이며 그의 지친 손을 그들의 어깨 위에 내려놓으시기 위해 자녀들이 돌아오기만을 바라시는 아버지, 바로 그분이다. 그분의 유일한 소망은 축복하는 것이다."[15]

우리가 아직 죄인 되었을 때, 우리가 아직 원수 되었을 때(롬 5:3-11) 하나님 아버지의 사랑을 입는다는 사실은 우리가 하나님을 선택한 것이 아니라, 우리가 하나님을 먼저 찾은 것이 아니라, 하나님이 먼저 우리를 선택하고 찾으신다는 사실을 명백히 알려 준다. 우리가 집으로 돌아갈 수 있는 이유는 우리 스스로가 먼저 집을 찾아 나섰기 때문이 아니라, 우리를 기다리고 계시는 아버지의 임재가 그 공간과 시간을 집으로 만들어 주기 때문이다. 하나님이 영원부터 우리를 당신의 손바닥에 새기셨기 때문이다(사 49:16).

팀 켈러(Timothy Keller)의 말에도 귀 기울여 보자. "예수님이 오신 목적은 단순히 한 나라를 정치적 압제로부터 해방하기 위해서가 아니라 우리 모두를 죄와 악과 죽음 자체로부터 구원하시기 위해서다. 인류를 본래의 집으로 데려가시기 위해서다. 그래서 그분은 강함으로 오지 않으시고 약함으로 오셨다. 그분이 오셔서 겪으신 유랑은 마땅히 우리가 당해야 할 몫이었다. 그분은 아버지의 임재로부터 축출되어 우리 대신 영적 소외라는 극한의 절망과 어둠 속에 내던져지셨다. 인류의 반항에 대한 모든 저주와 우주적 실향을 친히 당하셨다. 우리를 진정한 집으로 맞아들이시기 위해서."[16]

　그렇다. 인류의 귀향을 위해 스스로 유랑하신, 우리 모두가 경험해야 할 영적 소외를 우리를 대신해 먼저 경험하신 예수 그리스도로 인해 우리는 영원한 실향민으로 남지 않고 영원한 집으로 귀향할 수 있게 된 것이다. 우리가 집으로 돌아갈 수 있는 이유는 우리를 찾아오시고, 부르시고, 기다리시는 하나님 때문이다. 이것이 부르심을 받은 우리 모두의 소망이다.

개인 묵상, 소그룹 나눔을 위한 질문

1. 당신은 '예수를 따르는' 제일 소명으로의 부르심에 성실히 반응하기 위해 세상 속 일터, 일상적 삶의 현장에서 어떤 노력을 하고 있는가?

2. 교회가 가장 교회다울 때는 언제, 어디에서인가? 오늘날 교회는 담장 너머 세상을 어떻게 섬기고 있는가?

3. 당신은 앞서가시는 하나님의 선하신 임재를 경험한 적이 있는가?

4. 당신은 하나님의 부르심이 가장 귀한 소망이라고 고백할 수 있는가? 그 고백이 오늘 당신의 삶에 지니는 의미는 무엇인가?

나를 보내신 이도 하나님

보내심 / 선교의 시작 / 다루심 / 보호하심

하나님의 부르심과 보내심은
오늘까지도 지속되고 있으며, 바로 그 부르심과 보내심 안에
교회가 존재한다. 그래서 교회의 본질은 선교적인 것이다.
교회는 자신이 존재하는 이유를
하나님의 선교 안에서 찾아야만 건강할 수 있다.

◇◇　보내심

한참 사춘기를 겪고 있던 때가 생각난다. 그때 나는 남들의 시선
을 지나치게 의식하며 살고 있었고, 그 의식은 나를 참 초라하게
만들었다. 한국에서와는 달리 친구 한 명 없는 15세 사춘기 소녀
의 삶, 이민자의 삶을 막 시작한 나는 민감하고 불안했다. 혹시라
도 이상한 영어 발음과 틀린 문법 때문에 어딘가 좀 모자란 사람
으로 비칠까 두려워 아무와도 말하지 않기를 선택했다. 따라서
친구를 사귄다는 생각은 마음에 품어 보지도 못했다.

　그 시절 내게 가장 괴로운 시간은 바로 삼삼오오 짝을 지어 식
당에 앉아 밥을 먹는 점심시간이었다. 누군가에게 외톨이로 보일

수 있다는 생각이 너무도 싫었다. 나는 결국 화장실에서 홀로 점심을 먹기로 결심했다.

매일 점심시간이 되면 나는 빠른 걸음으로 화장실로 향했다. 그리고 화장실 변기에 앉아 엄마가 싸 주신 샌드위치를 가장 빠른 속도로 먹어 치웠다. 그러고 난 뒤 화장실 대형 휴지통에 손에 남은 쓰레기를 있는 힘껏 구겨 최대한 세게 내던져 버렸다. 이것이 내 안에 담긴 화를 푸는 유일한 방법이었다.

화장실에서의 점심식사 이후에도 관객 없는 나의 연기는 계속되었다. 마치 바쁜 일이 있는 사람처럼 빠른 걸음으로, 누가 보더라도 무슨 급한 일이 있어 어딘가를 속히 가야만 하는 사람처럼 보이도록 학교 건물을 빙빙 돌았다. 그러기를 적어도 6개월은 지속했던 것 같다.

그날도 역시 학교 화장실 변기에 앉아 샌드위치를 먹어 치우고, 내 안에 쌓인 모든 분노를 샌드위치 종이에 실어 한껏 구겨 쓰레기통에 던져 넣으려던 순간, 내 마음속에서 이런 음성이 들리는 것 같았다. "은아야, 내가 너의 가는 길을 알아. 내가 너를 단련한 후에는 정금같이 나올 거야."

그때는 내가 들은 그 소리가 성경 말씀이라는 사실조차 몰랐다. 지금은 목회자가 되신 한 집사님의 도움으로 매일 말씀을 묵상하는 훈련을 받게 된 후에야 비로소 나를 불러 멈추게 한 그 음성이 바로 욥기 23장 10절에 기록된 욥의 고백이라는 것을 알게 되었다. "내가 가는 길을 그가 아시나니 그가 나를 단련하신 후에는 내가 순금같이 되어 나오리라."

세월이 흘러 선교사로 파송을 받아 카자흐스탄으로 떠나게 되었고, 앞선 5년간의 단기 선교 여행을 통해 만난 귀한 현지 형제자매들과 함께 교회를 개척해 참으로 행복한 나날을 보냈다. 그러던 어느 날, 예상치 못했던 시간에 예상치 못했던 이유로 비자발적 선교사 후퇴를 경험하게 되었다.[1] 10년이라는 세월에 걸쳐 준비한 선교를, 20대를 온전히 드려 준비한 선교를 단 5년 만에 마무리하고 집으로 돌아와야만 했다. 남편의 건강 악화로 더 이상 사역을 지속할 수 없었기 때문이다.

그런데 당시는, 나의 판단으로는 사역을 지속해야 할 분명한 이유가 가장 충만한 때였다. 그 어느 때보다도 더 행복하고, 더 효과적으로 사역할 수 있는 모든 준비가 갖추어진 때였다. 소그룹 리더들도 성장해서 각자의 가정에서 주 중 예배를 인도하고 있던 바로 그때였다. 문자 그대로, 온 교회가 직접 손으로 쌓아 올린 빨간 벽돌의 교회 건물이 아름답게 건축되었기 때문에 이제는 더 이상 무거운 스피커와 키보드 등의 장비를 택시로 운반하며 여기저기 예배 장소를 찾아다니지 않아도 되는 바로 그때였다. 내가 그리도 꿈꾸던 대로 새벽기도회 후 모두 함께 둘러앉아 따뜻한

차 한잔 마시며 일상의 이야기를 나눌 수 있는 공간이 마련된 바로 그때였다. 그러나 바로 그와 같은 때에 우리 가정은 모든 사역을 정리하고 카자흐스탄을 떠나는 결정을 해야만 했다.

언어적으로도 아무 문제가 없었고, 문화 적응 면에서도 큰 불편함이 없었던, 모든 것이 고루 갖추어졌던 바로 그때, 하필이면 바로 그때 왜 하나님이 우리 가정을 선교지로부터 후퇴하게 하셨는지 도저히 이해할 수 없었다.

그러던 어느 날, 나는 이사야의 고백에 멈춰 섰다. "섬들아 내게 들으라 먼 곳 백성들아 귀를 기울이라 여호와께서 태에서부터 나를 부르셨고 내 어머니의 복중에서부터 내 이름을 기억하셨으며 내 입을 날카로운 칼같이 만드시고 나를 그의 손 그늘에 숨기시며 나를 갈고 닦은 화살로 만드사 그의 화살통에 감추시고 내게 이르시되 너는 나의 종이요 내 영광을 네 속에 나타낼 이스라엘이라 하셨느니라"(사 49:1-3).

날카로운 칼이 있을 곳은, 갈고 닦인 화살이 있을 곳은 화살통 '안'이 아니라 '밖'이다. 잘 준비된 칼과 화살은 화살통 밖에 있는 것이 더 맞다. 더 옳다. 더 적절하다. 효율성의 관점에서 바라볼 때 날카로운 칼과 갈고 닦은 화살을 화살통 안에 다시 넣는 것은 결코 조언할 만한 일이 아니다. 그런데 이사야의 고백은 바로 이렇게 조언할 만하지도, 적절하지도 않은 일을 하고 계시는 하나님을 조명한다. 태에서부터 부르셨고 어머니의 복중에서부터 그 이름을 기억하신 이사야에게 하나님이 이렇게 행하고 계신 것이다.

날카롭게 잘 준비된 칼을, 이렇게 잘 갈고 닦인 화살을 왜 하나님이 그분의 그늘에 숨기시고, 왜 다시 하나님의 화살통 안에 넣으시는지 도저히 이해할 수 없었던 바로 그때, 그 고통 가운데 깨닫게 된 하나의 사실이 있다. 그것은 바로 인간의 눈에 띄는 준비됨이 언제나 하나님의 때를 가리키는 신호일 수는 없다는 것이었다. 더 나아가, 스스로 가장 잘 준비되었다고 생각할 때가 가장 위험한 때일 수 있으며, 바로 그때 화살통 안에 숨겨질 수 있는 것은 더할 수 없는 하나님의 보호하시는 은혜라는 것이다.

하나님은 스스로 일할 준비가 다 되었다고 생각하는 우리를 당신의 손 그늘에 숨기시고, 당신의 화살통 안에 감추신다. 그렇게까지 우리를 귀하게 여기신다. 그렇게까지 우리를 깊은 사랑과 은혜로 보호하신다.

남편도 최근 '화살통'의 경험을 했다. 건강 문제로 카자흐스탄 사역으로부터 비자발적 후퇴를 경험한 후 몸의 치유를 위해 연장된 안식년을 가지며 풀러신학대학원에서 수학했다. 졸업할 즈음 남편의 건강은 다시 회복되었고, 하나님은 한국에서 사역할 수 있는 문을 여셨다. 한국해외선교회 산하 글로벌리더십연구원 원장으로 사역하며 선교사를 위한 교육 선교사로 귀한 경험을 쌓으며 성실히 사역했다.

그러기를 7여 년, 이제는 더 성숙함으로 사역할 수 있다고 나름 자신하던 그때, 한국에서의 사역을 자진 퇴임하고 풀러신학대학원 교수로 부임하게 된 나와 함께 미국으로 가야만 했다. 고통과 연단, 학문과 경험 축적이라는 시간을 통과한 이제, 경력 선교사로서의 사역을 더 펼쳐 볼 준비가 된 남편을 하나님은 다시 한 번 화살통에 담으신 것이다. 화살통 안에 넣으셔서 섣부른 움직임, 자신했던 사역, 당연하게 여겼던 경력자로서의 길로부터 하나님이 의도하신 표적을 향해 준비되도록 감추시는 은혜를 경험하게 하셨다.

성경 전체를 통해 흐르는 다양한 주제 중 나의 삶과 사역이 가장 크게 공명하고 있는 부분은 '하나님의 보내심'이다. 우리를 지으시고 부르시는 하나님은 우리를 보내신다. "여호와께서 이르시되 내가 애굽에 있는 내 백성의 고통을 분명히 보고 그들이 그들의 감독자로 말미암아 부르짖음을 듣고 그 근심을 알고 내가 내려가서 그들을 애굽인의 손에서 건져 내고 그들을 그 땅에서 인도하여 아름답고 광대한 땅, 젖과 꿀이 흐르는 땅 곧 가나안 족속, 헷 족속, 아모리 족속, 브리스 족속, 히위 족속, 여부스 족속의 지방에 데려가려 하노라"(출 3:7-8).

이는 하나님이 그분의 백성이 당하고 있는 고통에 대해 얼마나 민감하게 반응하고 계시는지를 역력히 보여 주는 말씀이 아닌가. 특히 8절에서 "내가 내려가서"라고 말씀하실 때는 당장이라도 직접 이 땅에 내려오셔서 이스라엘 백성을 자유하게 하실 듯한 인상을 준다. 그런데 이어지는 9-10절을 보면 전혀 다른 그림이 펼쳐진다. "이제 가라 이스라엘 자손의 부르짖음이 내게 달하고 애굽 사람이 그들을 괴롭히는 학대도 내가 보았으니 이제 내가 너를 바로에게 보내어 너에게 내 백성 이스라엘 자손을 애굽에서 인도하여 내게 하리라."

하나님이 마음을 바꾸신 것인가? 하나님이 당신의 일을 모세에게 미루고 계신 것인가? 그렇지 않다. 이스라엘 백성을 자유하게 하시는 분은 분명 하나님이시다. 그들을 바로의 손에서 해방하시는 분도 의심할 여지없이 하나님 당신이시다. 하나님은 이스라엘의 부르짖음에 응답하기 위해 모세를 통해 일하기로 작정하신 것이다. 모세를 보내시는 것은 하나님 편에서는 오히려 위험한 결정이다. 그럼에도 하나님은 기꺼이 모세를 통해 일하기로 선택하신 것이다.[2] 이러한 하나님의 선택은 성경 전체에서 목격된다. 성경은 삼위일체 하나님이 인류의 구속을 위해 "인간 도구를 통해서 일하시는 방법"을 보여 주고 있기 때문이다.[3]

◇◇ 선교의 시작

하나님의 보내심이 선교의 시작이다. '선교'를 가리키는 라틴어 'mitto'는 '보내다'라는 의미를 지니고 있다. 선교는 하나님의 보내심으로 시작된다. 아브라함을 '지시할 땅'으로 보내신 이도, 모세를 바로에게 보내신 이도, 요셉을 애굽 땅으로 보내신 이도 하나님이시다. 선지자들을 이스라엘 민족에게 보내신 이도, 예수 그리스도를 우리 가운데로 보내신 이도 하나님이시다.

하나님 아버지께서 아들 예수님을 보내시고, 예수님이 성령님을 보내시고, 성령님이 교회를 보내시어 보내심을 받은 교회로 하여금 성령의 능력에 힘입어 동참하게 되는 것이 바로 하나님의 선교다. 즉 선교의 주체도, 그 힘의 원동력도 하나님이신 것이다.

이러한 사실에도 우리는 오랜 시간 동안 선교의 의미를 하나님의 '보내심'보다는 우리의 '떠나감'에서 더 많이 찾은 듯하다. 그러나 선교의 시작은 우리 인간의 떠나감에 있는 것이 아니다. 교회가 예수 그리스도의 대위임령에 순종함으로 드디어 선교의 장이 열린 것이 아니다. 선교의 시작도, 원천도 모두 하나님이시다. 하나님의 사랑이 창조의 시작이듯이, 하나님의 보내심이 선교의 시작인 것이다. 우리의 떠나갈 수 있음도 하나님의 보내심이 우리를 앞서가기 때문이다.

따라서 우리가 '선교한다'고 말할 때에는 '하나님의 선교에 가담한다'는 의미임을 알아야 한다. 하나님의 선교의 근원은 하나님 그분, 즉 타락으로 인해 끊어진 관계 속에 있는 인간을 회복하시는 사랑의 하나님 안에 있다는 사실을 기억해야만 한다. 하나님은 깨어진 관계의 회복을 위해 성자 하나님을 보내셨다. 또한 예수 그리스도로 성취된 하나님의 용서와 사랑의 토대 위에 성령의 능력을 힘입어 보내심을 받은 교회가 하나님의 구속 역사에 헌신하는 것이 선교다.

선교는 교회가 하는 그 무엇이기 이전에 하나님의 성품에서 흘러넘치는 하나님의 역사다. 그러므로 많은 선교학자가 주장하듯, 하나님이 하나님의 선교를 위해 교회를 두신 것이지, 교회가 있기에 하나님의 선교가 시작된 것이 아니다.

우리를 보내시는 하나님은 전혀 제한 없는 풍성한 자원을 누리며 살 수 있도록 인간을 창조하셨다. 그러나 인간은 이러한 하나님의 계획에 반역하며 스스로 하나님이 되려고 한 순간부터 제한된 자원으로 살 수밖에 없는 존재가 되었다. 제한된 자원 속에서의 삶이 시작되면서 인간은 더욱더 타락하게 되었고, 더 이상 하나님 중심이 아닌 인간 중심의 삶을 살게 되었다. 이렇게 타락한 인간을 향해서도 사랑을 그치지 않으신 하나님은 아브라함을 부르고 보내셨다. 그리고 하나님의 부르심과 보내심의 목적은 바로 열방의 회복에 있음을 처음부터 분명히 하셨다(창 12:1-3).

이처럼 하나님의 본성인 사랑으로부터 흘러나오는 하나님의 선교는 이스라엘을 부르고 보내시는 하나님의 역사 속에서도 계속해서 목격된다. 뿐만 아니라 동일한 목적을 위한 하나님의 부르심과 보내심은 오늘까지도 지속되고 있으며, 바로 그 부르심과 보내심 안에 교회가 존재한다. 그래서 교회의 본질은 선교적인 것이다. 교회는 자신이 존재하는 이유를 하나님의 선교 안에서 찾아야만 건강할 수 있다. "오늘날의 교회는 단순히 선교 활동을 중심으로 조직하기보다는 자신의 선교적 본질을 따라 살아야 한다는 진지한 도전에 직면해 있다. 이 도전은 성경 전체의 이야기로부터가 아니라 … 대위임령 … 으로부터 나온 신학을 그저 짜맞추기식으로 실천하는 교회를 교정하는 수단이다."[4]

거듭 강조하지만, 선교는 교회 된 우리가 하는 그 무엇이 아니라, 하나님의 선교적 본질을 드러내는 교회의 본질로부터 흘러나오는 존재에 대한 것이다.[5] 교회가 무엇을 할 수 있는 이유는 교회의 본질, 그 정체성 때문이다.

여기서 우리는 한 가지 보다 더 근본적인 이야기를 해야 할지 모르겠다. 교회의 본질이 선교적이라는 말을 하기에 앞서, 우리는 성경의 선교적 본질, 성경의 선교적 기초를 먼저 강조해야 하지 않을까 하는 점이다. 선교의 성경적 기초만을 논할 것이 아니라 성경의 선교적 기초도 논해야 한다고 말한 프란시스 두보스(Francis DuBose)와 크리스토퍼 라이트(Christopher Wright)의 주장을 나는 환영한다. 즉 선교가 신학적으로 정당화될 필요만 있는 것이 아니라, 신학이 선교학적으로도 이해되어야 하는 것이다. 진실로, "선교적 영향력을 끼치지 못하는 신학"은 신학이 아니며, "신학적 기초가 없는 선교"는 선교가 아니다.[6]

초대 교회의 선교는 복음에 대한 감사와 기쁨의 폭발이었음을 기억하자. 선교라는 것이 학문적으로 연구되기 이미 오래전에, 선교의 이유와 목적에 대한 의도적 연구가 실행되기 이미 오래전에 우리를 앞서간 수많은 사람의 삶 속에는 보내시는 하나님이 예수 그리스도를 통해 보여 주신 그 일에 동참하는 것이 참으로 당연하고 정당한 것이었음을 기억하자. 선교의 정당성에 대한 논의가 필요하게 된 것은 하나님의 선교에 대한 신중하고도 엄격한 이해 없이 그저 이전에 하던 대로 진행되어 온 인간 중심적 '선교 활동' 때문임을 기억하자.

얼마 전 읽은 책 한 권을 소개하고 싶다. 이 책은 말보다 더 선명히 말하는 사진으로 가득하다. 사진 한 장, 한 장에 담긴 메시지가 아주 힘 있게 자리하고 있다. 각 사진 옆 한구석에 조심스레 자리한 짧은 글들은 깊은 인상을 남긴다.

그중 내 마음과 눈을 오래 머물게 한 한 장의 사진이 있다. 평생 구두 닦는 일을 해 오신 분의 거친 손 사진이다. 그 손 마디마디에 깊게 스며든 세월이 어르신의 말씀과 함께 한 페이지를 가득 채운다. "구두가 자꾸 망가지는 사람은 걸음걸이가 잘못된 거야. 구두 탓을 해 봐야 소용없어."[7]

그렇다. 선교 과업이 자꾸 망가지는 이유는 우리의 걸음걸이가 잘못된 탓이다. 선교를 말로든, 행동으로든 정당화하라는 주문을 받고 있는 것은 선교 탓이 아니다. 선교를 정당화해야 하는 때에 살고 있는 우리 때문이다. 선교를 한다고 나서는 우리의 '걸음걸이가 잘못된' 탓이다.

이에 비춰 고백하고 회개해야 할 것이 있지 않을까? 역사가 증명하고 있듯이, 예수 그리스도의 대위임령에 순종한다는 명분 아래 하나님 나라의 복음에 대한 정직한 고민도, 이해도 없이 자신의 힘의 확장과 힘을 통한 통제를 확보하기 위해 영토와 문화와 인종적 경계선을 제국주의적이며 식민주의적 활동으로 넘나든 우리의 과거를 회개해야 하지 않을까? 숙고적 배움의 노력 없이 그저 '보고 배운 습관대로'만 선교해 온 과거와 오늘을 반성해야 할 때가 아닐까? 죄로 인해 내면이 얼룩진 채 아무런 신중함 없이 선교라는 이름으로 과거부터 오늘까지 행하고 있는 수많은 선교 행위들을 심각하게 뉘우쳐야 하지 않을까?

기독교 왕국(Christendom)과는 거리가 먼 오늘을 살고 있는 우리가 해야 할 일은 마음을 새롭게 하여 선교의 시작이 하나님의 보내심, 보내시는 하나님께 있음을 분명히 알고 선포함으로 선교의 정당성을 하나님 안에서 찾는 것이라고 생각한다. 그 어떤 선교 사역의 효과도, 효율성도, 하물며 그 어떤 선교 사역의 뛰어난 열매와 그로 인한 광범위한 혜택도 선교를 정당화하기에는 턱없이 부족하다. 선교를 정당화할 수 있는 것은 하나님의 보내심, 하나님이 인간을 향해 보내시는 사랑과 헌신뿐이다.

"누가 주의 마음을 알았느냐 누가 그의 모사가 되었느냐 누가 주께 먼저 드려서 갚으심을 받겠느냐 이는 만물이 주에게서 나오고 주로 말미암고 주에게로 돌아감이라 그에게 영광이 세세에 있을지어다 아멘"(롬 11:34-36). 만물이 주로 말미암는다. 만물이 주께로 돌아간다. 모든 영광도 주께만 돌려질 것이다. 우리가 하나님의 선교에 동참할 수 있는 것도 만물의 근원이시요, 만물이 돌아갈 유일한 알파와 오메가 되신 하나님이 먼저 우리를 찾아와 우리에게 값없이 베푸신 구원 때문임을 기억해야 한다. 누가 주께 먼저 드린 자가 되어 주께 갚으심을 받겠다고 할 수 있겠는가.

"너희는 가만히 있어 내가 하나님 됨을 알지어다"(시 46:10). 교회는 이 말씀 앞에 잠잠히 머무르며 자신을 돌아봐야 한다. 스스로 무엇을 하려고 하기보다는, 자신의 힘으로 최선의 조력자를 찾아 나서기보다는, 하나님보다 앞서 무엇을 먼저 해결하려 하기보다는, 오히려 잠잠히 하나님을 기억하며 그분의 임재를 소망해야 한다. 그러는 가운데 하나님의 역사하심을 목격하고 우리를 초대하시는 하나님을 힘써 알아 가야 한다. 또한 그 하나님은 우리의 하나님이실 뿐만 아니라 열방과 세계의 하나님 되심을 직접 선포하고 계심도 알아야 한다.

열방과 세계 가운데 홀로 높임을 받으실 하나님은 오늘도 살아 역사하신다. 선교는 하나님의 보내심이요, 우리는 보내시는 하나님의 선교에 동참할 수 있는 책임 있는 특권을 누리며 사는 복되고도 복된 하나님의 백성이다.

삼위일체 하나님의 보내심이 선교의 뿌리다. 성부 하나님이 성자 하나님을 이 세상 가운데 보내시고, 성자 하나님과 성부 하나님이 성령 하나님을 우리에게 보내시고, 성부 하나님과 성자 하나님과 성령 하나님이 교회를 세상 가운데로 보내신다. 우리가 다양한 경계선 너머로 보내심을 받은 곳에서 순종하고 헌신할 수 있는 이유도 우리를 보내시는 하나님, 선교가 있기 때문이다.

◇◇ 다루심

우리를 보내시는 하나님은 우리를 다루신다. 도자기를 만들 때

가장 중요한 것은 흙을 물레의 중심에 자리하게 하는 것이다. 하나님의 다루심은 바로 이와 같다. 우리 존재의 핵심이 하나님 안에 그 중심을 두고 자리하게 하는 과정이 바로 하나님의 다루심의 과정이다.

리더십에 대한 통찰력 있는 가르침으로 많은 사람에게 영감을 준 나의 멘토 로버트 클린턴(J. Robert Clinton) 교수는, 리더십은 평생에 걸친 하나님의 다루심과 그에 대한 우리의 반응이 어우러져 형성되는 것이라고 말한다.[8] 이는 리더십 개발을 다루는 여러 다른 이론과는 적지 않은 차이를 보인다. 리더십 개발은 자기 인식, 자기 훈련 그리고 경험을 통해서 이루어진다고 주장하는 이론이 대부분이다.

먼저, 자기 인식을 통한 리더십 개발을 논하는 이론은 스스로를 돕는 것이 자신의 리더십 역량 개발을 돕는 것이라고 설명하며, 자신의 리더십에 대한 구체적인 이해와 피드백을 통찰력 있게 분석해야 한다고 주장한다. 또한 자기 훈련을 통한 리더십 개발을 옹호하는 이론은 자신의 노력과 에너지를 목표 성취를 위해 집중할 때 발견되는 개발 필요 영역을 인지하고, 이 필요를 충족시킬 수 있는 연속적인 노력을 기울이고 검토함으로 리더십 개발을 이룰 수 있다고 주장한다. 마지막으로, 경험을 통한 리더십 개발을 주장하는 이론은 교육, 리더로서의 경험 그리고 멘토링이

리더십 개발에 미치는 영향을 강조한다.[9]

이에 반해, 로버트 클린턴의 리더십 개발 이론은 평생이라는 시간과 그 평생이라는 시간에 걸쳐 이루어지는 하나님의 다루심 그리고 이에 대한 우리의 반응이라는 세 가지 주요 요소를 강조하여 다룬다.[10]

로버트 클린턴의 리더십 개발 이론은 충분한 데이터에 의해 형성된 근거 이론(grounded theory)이다. 특별히 눈여겨봐야 할 것은 바로 하나님의 다루심, 특별히 '깊은 다루심'이라 불리는 것이다. 그는 하나님이 당신의 사람을 반드시 깊이 있게 다루신다고 주장한다. 즉 하나님은 한 사람을 지도자로 개발하기 위해 때로는 갈등으로, 때로는 위기로, 때로는 고립으로 이끌며 그의 존재의 핵심을 다루신다는 것이다. 이 중 고립의 과정을 한 예로 좀 더 자세히 설명해 보겠다.

고립의 경험은 크게 네 가지로 나뉜다. 우리는 각 단계에서 중요하지만 어려운 질문을 던지게 되며, 절박하고도 간절한 기도를 하나님께 올리게 된다. 첫 번째 단계는, 자신의 존재 의미를 굳건히 떠받치고 있는 줄로만 믿었던 것을 다 잃어버리게 되는 단계다. 그때 우리는 "나는 누구인가?"라는 질문을 던지게 된다. 지금까지 자신의 정체성을 보장해 주었다고 알아 온 여러 업적과 성취, 그로 인해 즐겨 온 여러 이름과 자리가 이제는 나의 나 된 것을 확증해 줄 수 없음을 깨닫고 마주하게 되는 질문이다.

두 번째 단계는, 외적 업적과 성취한 이름과 획득한 자리가 가져다준 정체성이 아닌, 창조주 하나님이 처음부터 나에게 허락하셨던 정체성을 갈망하는 과정이다. 이때 던지게 되는 질문은 이것이다. "하나님이 의도하신 나의 진정한 정체성은 무엇인가?" 성공이나 칭찬, 혹은 직위가 가져다준 정체성을 벗어 버린 후 진정한 정체성을 찾기 위해 하나님과 씨름하는 단계다.

세 번째 단계는, 하나님과의 교제에 다시금 집중하게 된다. 자신의 연약함을 인정하며 영적, 감정적, 신체적 필요에 대해서 도움을 요청하는 단계다. "하나님의 도우심이 필요합니다"라고 고백하며 하나님과의 친밀한 교제를 떠나서는 하나님이 의도하신 정체성을 알 수도, 찾을 수도, 살아 낼 수도 없음을 고백하게 되는 단계다.

고립의 마지막인 네 번째 단계에 이르러서는 하나님이 주신 정체성으로 살 것을 고백함으로 미래를 바라보고 새롭게 나아가게 된다. 더 이상 외적 정체성이 아닌, 하나님이 주시는 힘으로 그분이 경험하게 하신 변화에 맞는 삶을 살기를 소망하게 된다. 하나님을 존재의 핵심에 두며, 존재의 핵심으로부터 흘러나오는 삶을 살기로 결심하는 단계다.

이와 같은 깊은 다루심의 과정을 거쳐 존재의 핵심으로 사역하

는 사람으로 준비되는 과정이 바로 고립의 과정이다.[11]

우리를 보내시는 하나님은 우리를 내버려 두지 않으신다. 우리 삶의 현장에 개입해서 우리를 깊게 다루신다. 이 과정을 통해 하나님은 우리 '안'에 일하심으로 우리를 '통해' 일할 준비를 하시는 것이다. 하나님의 깊은 다루심은 당장은 아프고 힘들지만, 더할 나위 없는 하나님의 보호하심이다.

◇◇   보호하심

우리를 지으신 하나님은 우리를 부르시고, 우리를 보내신다. 그리고 우리를 보내시는 하나님은 우리를 보호하신다. 하나님의 날개 그늘 아래 품어 주시고, 화살통 안에 숨겨 주신다. 앞서 이야기 한 대로, 이제는 오랜 기간 준비되어 온 모든 역량과 기능을 마음껏 발휘할 때라고 판단하는 바로 그때, 오히려 우리를 다시 한 번 하나님의 화살통 안에 감추신다. 우리를 하나님의 철저한 보호하심의 은혜 안에 머물게 하신다.

그러므로 우리는 하나님이 주권적으로 우리를 화살통 밖으로 움직이실 때까지 화살통 안에 머물러야 한다. 누가 얼마나 많은 것을 창조하고, 얼마나 많은 것을 소유하며, 얼마나 많은 것을 생산하는가의 싸움 속에 살고 있는 우리가 하나님이 꺼내 주시기 전까지 화살통 안에 머무르는 것은 결코 쉬운 일이 아니다. 그러나 화살통 속 고립 가운데서만 경험할 수 있는 하나님의 다루심과 그 의미를 깨닫지 못한 채 화살통 밖에 나와 무엇을 하는 것에만 마음을 빼앗기는 것은 하나님이 원하시는 우리의 반응이 아닐 것이다.

가끔씩 나는 내 삶에서 15살 때 겪은 '화장실'의 경험이 없었더라면 어떠했을까 질문해 보곤 한다. 아무 문제없이, 아무 외로움 없이, 아무 어색함도 없이 이민 첫날부터 마치 평생 그 땅에서 살았던 사람처럼 적응 기간도 필요 없이 탄탄대로를 걸었다면 어떠했을까? 동시에 내 삶 속에 '화살통'의 경험이 없었더라면 어떠했을까 질문하기도 한다. 최대의 역량과 실력을 마음껏 발휘하기 가장 좋은 때에 내가 선택한 가장 좋은 방법으로 나의 사역하기를 그치지 않았더라면 나는 과연 어떤 모습으로 오늘을 살고 있을까?

비록 또 다른 '화장실'과 '화살통'의 경험이 내게 닥쳐오기를 손꼽아 기대하지는 않지만, 이제는 오히려 자발적으로 그러한 시간을 선택할 준비는 되어 있다. 화살통 안의 침묵이, 기다림이, 그 외로움이 다른 어떤 것이 아닌 '존재로부터 흐르는 사역'에 얼마나 절대적으로 필요한지를 이제는 잘 알기 때문이다.

때로는 하나님이 우리를 필요로 하신다고 생각할 때가 있는 듯하다. 그래서 우리는 우리의 준비됨에 큰 무게를 싣는다. 그러나 너무나도 분명한 것은, 하나님은 우리가 존재하지 않는다고 해서 더 작아지실 필요도, 우리의 존재를 위해 더 커지실 이유도 없는, 스스로도 충분하신 하나님이라는 사실이다. 아무도, 아무것도 필요 없으신 하나님이 당신의 자녀 안에 그리고 그 자녀를 통해서 일하시기 위해 친히 허리를 굽혀 우리를 찾아오신다는 사실을 기억해야 한다. 그리고 이로 인해 감사해야 한다.

또한 우리를 보내시는 하나님은 우리를 기꺼이 다루어 주심으로 우리를 보호하신다는 사실로도 하나님께 감사해야 한다. 하나님의 마음과 생각으로 다듬어지지 않은 채 우리의 생각과 판단과 의지와 계획으로만 평생을 살아가는 것만큼 위험한 일도 없을 것이다. 그러면서 선교를 하겠다고 집을 나서는 것은 더욱더 위험한 일일 것이다. 하나님의 다루심은 그 누구도 대신할 수 없는 우리를 향한 하나님의 은혜다.

개인 묵상, 소그룹 나눔을 위한 질문

1. 지금까지 당신은 선교의 핵심이 무엇이라고 생각해 왔는가? 지금까지 생각해 온 선교의 시작, 선교의 원천 그리고 정의는 무엇인가?

2. 삶 속에서 기억되는 하나님의 가장 깊은 다루심이 있다면 무엇인가? 당신은 그 속에서 어떤 질문을 던졌으며, 어떤 고백을 했는가?

3. 그때는 미처 깨닫지 못했으나 뒤돌아볼 때 깨닫게 된 하나님의 보호하심, 곧 당신의 '화살통' 사건은 무엇인가?

선교는 길과 진리요, 생명 되신 예수 그리스도가
이미 보이고 이루신 더할 나위 없는 충분함 위에 연속되는 것이다.
그래서 선교는 길 되신 예수님이
앞서 걸어가신 길 위의 선교인 것이다.

◇◇ 길 위의 수고

인도 선교사 레슬리 뉴비긴(Lesslie Newbigin)은 본국으로 돌아온 후 이제는 영국도 선교지임을 주장한 바 있다. 그 후 발전한 "모든 지역으로부터 모든 지역으로의 선교"라는 개념과 실재는 이제 더 이상 이해하기 어렵지 않은 현실이 되었다.[1] 한국 역시 선교사 파송 국가인 동시에 선교지임을 인정하고 이에 대해 성실하게 반응할 때가 된 것도 이제는 자명한 사실이다.

이에 따른 선교의 패러다임 전환도 불가피해 보인다. 무엇보다도 언어적, 민족적, 지리적 그리고 문화적 경계선을 넘어 교회가 없는 곳으로, 믿음이 없는 곳으로 나아가는 선교 과업은 지속되어야 한다.[2] 그리고 이를 위한 후원, 훈련 및 교육도 계속되어야 한다. 믿음이 없는 곳, 교회가 없는 곳이 이제는 결코 지리적으로 먼 곳이 아니라는 사실과 문화적, 인종적, 언어적 경계선도 더 이상 원거리에만 자리하고 있지 않다는 사실을 인정해야 한다. 혹자가 말했듯이, 우리는 더 이상 거리도, 간격도 없는 시대, 곧 '거리의 소멸'(death of distance) 시대를 살고 있는지도 모르겠다.

오늘날은 거리 없는 시대일 뿐만 아니라 너무나 많은 다양한 소리가 자신을 '신'으로, 스스로를 '복음'으로 주장하며 우리를 '전도'하려 하는 시대이기도 하다. '교회 문 바로 앞'은 물론, 어쩌면 '교회 안' 역시도 선교지임을 간과해서는 안 되는 시대가 우리가 살고 있는 시대다.

교회 안에 자리한 사람들의 마음과 생각도 근대화와 자본주의의 영향 아래 성장한 세계화가 제시하는 그릇된 인류학적 관점과 가치에 노출되어 있다. 그릇된 관점은 그릇된 신관을 낳았고, 세계화로 인해 너무 많은 신이 우리의 문턱까지 다가와서 목소리를 높이며 교회 안에 자리한 우리 자신과 우리 자녀, 우리 가족 그리고 우리 동료를 혼란에 빠뜨리고 있다. 자본주의 시장의 신, 정치적 신, 정체성의 신뿐만 아니라 나의 복지, 나의 자존감, 나의 행복 등 '나'라는 신을 교회 안팎의 사람들이 믿고 있는 때가 바로 오늘이 아닌가 생각한다.

예수 그리스도와 하나님 나라의 증인으로 찾아가야 하는 '땅끝'은 여전히 남아 있다. 아직도 복음을 들어 보지 못한 '가난한' 자에게 말과 행동으로 복음을 전해야 하는 때도 지속되고 있다. 더 나아가, 과거 언젠가 복음을 들은 적은 있으나 다시 복음으로부터 멀어져 버린 '부유한' 자의 마음과 삶의 터전도 분명한 선교지임을 기억해야 하는 때가 바로 오늘이다.

그래서 기도한다. "하나님, 우리 모두가 달려갈 길을 다 가도록 길 위의 수고를, 길 위의 선교를, 길 위의 회심을 이어 가게 하옵소서."

이러한 시대적 현실 가운데 하나님의 부르심을 받은 개인과 선교적 공동체는 이전보다 더욱 신중하게 일상의 삶과 일터의 현장에서 하나님의 선교에 동참해야 한다. 일상 세계에서의 수고는 국경을 넘어 교회의 공식 후원을 받으며 이루어지는 '진짜 선교'라 이름 붙여진 사역을 후원하는 것에서만 그 의미를 찾을 수 있는 것이 아니다.[3] 매일의 일상과 소명의 현장 역시 하나님의 선교 현장이고, 교회의 삶과 증거는 월요일부터 토요일까지 다양한 장소와 모습으로 이루어지는 것이다.

또한 존 스토트(John Stott)의 말대로, 선교는 "하나님의 마음으로부터 생겨나서 그분의 마음에서 우리의 마음으로 전달"되어 "세계적인 하나님의 세계적인 백성이 세계적으로 활동하는 것"[4]

이기에 보내심을 받은 일은 다양하고 광범위하다.

여기서 우리는 레슬리 뉴비긴과 데이비드 보쉬(David Bosch)가 이야기한 '선교적 차원'(missionary dimension)과 '선교적 의도'(missionary intention)를 분명히 구분해야 할 필요가 있겠다. 이들의 주장을 요약하면 다음과 같다. 교회의 존재와 행함이 교회의 선교적 차원으로부터 흘러나오는 것일지라도, 선교적 차원을 지닌 모든 것을 선교적 의도를 지닌 것으로 간주할 수는 없다는 것이다.

이는 교회의 선교적 본질이 교회의 다양한 활동을 자동적으로 선교적으로 만들 수는 없다는 사실에 근거한다. 즉 선교적 본질을 충분히 이해하지 못하고도 교회는 왕성한 활동을 실행할 수 있다는 의미다. 따라서 선교적 차원과 선교적 의도 사이의 간격을 인식해 온 교회가 월요일부터 토요일까지 각자의 소명의 장소에서 다양한 모습으로 하나님 나라의 증인의 삶을 살며 사역할 수 있도록 성령의 역사하심에 민감히 깨어 있어야 한다.

이를 위해 우리는 직업, 일에 대한 우리의 관점과 해석을 성경에 비추어 면밀히 살펴보아야만 한다. 일이라는 것을 인간의 타락이 빚은 결과로만 보는 것은 성경적이지 않다. 오히려 성경은 처음부터 일의 존엄성을 이야기하고 있다.[5] 일은 그야말로 우리를 위한 하나님의 의도이고 "하나님의 발상"이다.[6] 그러므로 생계를 이어 가며 공적 무대에서, "성경이라는 드라마와 문화라는 이야기들이 만나는 교차로에서"[7] 좋은 시민으로 좋은 증인이 되는 것은 창조 세계 전체를 향한 하나님의 선교에 동참하는 일이다. "창조적으로 선한 일"을 하고, 일을 함으로 선을 행하는 것이 하나님 백성으로서 부르심을 받은 선교의 일부라는 사실을 기억해야 한다.[8]

인간의 노력이 새 하늘과 새 땅을 시작하거나 마무리할 수는 없다. 이 땅 위에서 우리의 그 어떤 노력도 새 하늘과 새 땅을 가능하게 하는 것은 아니다. 그렇다고 오늘 이 땅 위에 살며 우리가 하고 있는 모든 일을 단지 악하고 묻어 버려야 마땅한 것으로만 여기며 그 의미를 (절대적으로) 축소시키는 것도 옳지 않다. 이 땅 가운데 살면서 일할 수 있다는 것은 하나님이 처음부터 시작하신 일을 성실하고도 창의적으로 이어 가는 감격스러운 일이다.

폴 스티브스(Paul Stevens)는 성경 속 여러 인물의 삶과 그들이 살아 낸 소명을 중심으로 '일의 신학'을 발전시키는 가운데, 예수님의 공생애에서 얼마나 많은 부분이 직업 현장에서 이루어졌으며, 얼마나 많은 비유가 직업과 관련되었는지를 이야기한다. 신약과 구약을 통해 만나게 되는 수많은 사람이 자신들의 직업을 통해 하나님 나라를 얼마나 잘 섬겼는가를 보여 준다. 더 나아가, 우리가 소망하며 살아가고 있는 하나님 나라의 삶과 이 땅에서 우리가 하고 있는 일 사이의 연속성에 대해서도 소망적으로 이야기하는 내용을 볼 수 있다.[9]

일할 수 있는 것은 큰 복이다. 할 일을 찾지 못해 상상할 수 없는 고통 가운데 살아가는 사람이 우리 주위에 얼마나 많은가. 매일 아침 찾아갈 직장이 있고, 매일해야 할 일이 있다는 것은 때로 우리를 지치게 한다. 가볍게 회피할 수만은 없는 악의 구조 한가운데서 어떻게 하면 하나님 나라의 가치와 원리로 살아갈 수 있을지를 질문하며 답을 찾아가는 수고도 힘겹기 그지없다. 이는 물리적 환경으로 구별된 직장뿐 아니라 일상이 이뤄지는 삶의 터전에도 동일하게 적용된다. 그러나 하나님의 지혜와 도우심을 구하며 무엇을 타협하고 무엇을 고집할지 분별함으로 승리하는 일터의 삶을 살 수 있다는 것은 단연코 하나님의 큰 선물이다.

일이라는 것은 "살기 위해서 하는 것"이라기보다는 "하기 위해 사는 것"이 되어야 한다고 팀 켈러는 말한다.[10] 이 말은 하나님이 우리에게 맡겨 주시는 그 일을 발견해 바로 그것에 헌신하는 것의 중요성을 암시하기도 한다. 로버트 클린턴도 "맡겨진 일을 잘 하는 것"(Doing things right)도 중요하지만, 그보다 더 중요한 것은 "해야 할 바로 그 일을 잘하는 것"(Doing the right thing right)이라고 주장한 이유가 여기에 있어 보인다.[11]

일 자체가 우리의 궁극적 가치, 혹은 정체성을 결정짓지는 않는다. 그럴 수 없다. 오히려 우리의 정체성이 우리의 일을 결정짓는다는 말이 맞을 것이다. 그러나 아무 하는 일 없이 의미 있는 삶을 살기는 어려울뿐더러, 일 자체가 삶의 궁극적 의미를 부여해 줄 수 없음도 우리는 가던 길을 멈추고 기억해야 한다. 동시에, 일이라는 것은 하나님이 의미 있는 삶을 살 수 있도록 우리에게 주신 선물이며, 그래서 일을 통해 우리의 잠재적 역량을 발견하고 개발하는 은혜를 누릴 수는 있지만, 일 자체가 하나님을 대신할 수 없고, 대신하게 해서도 안 된다는 사실을 꼭 기억해야 한다.

근대 선교의 아버지라고 불리는 윌리엄 캐리(William Carey)가 남긴 유명한 말이 있다. "위대하신 하나님을 위해 위대한 일을 시도하라." 그런데 나는 이 말을 절반만 좋아한다. 그 이유는 이렇다. 우리는 위대하신 하나님을 위해 일하는 것이 맞다. 우리가 사랑하고 섬기는 하나님은 분명 위대하신 하나님이다. 그러나 위대하신 하나님을 위해 우리가 해야 하는 일이 반드시 위대할 필요는 없다. 물론 위대한 일이라는 것은 어떤 관점에서 어떤 잣대로 평가하는가에 따라 다를 수도 있겠지만, 우리는 하나님이 주신 능력과 책임으로 우리에게 맡겨 주신 그 일을 성실히 해 나가도록 부르심을 받은 것이지, 일반적으로 위대하다고 여겨지는 일을 하도록 부르심을 받은 것은 아니다.

그러므로 하나님이 허락하신 소명을 통해 누구나 동참하도록 부르심을 받고 보내심을 받은 것이 삶의 길 위에서 이루어지는 하나님의 선교다. 길 위의 수고다. 그러나 이 수고는 우리의 부족함에도 우리 안에 그리고 우리를 통해 이루시는 하나님의 역사하심이다. 인생길 위의 수고는 하나님의 임재의 약속으로 채워지는 복된 수고다.

길 위의 수고가 유난히 벅차게 느껴지던 어느 날 적어 놓은 생각을 꺼내어 본다.

길을 걷는다

길을 걷는다
끝이 보이지 않는 길
혼자 걷기엔
너무 멀어만 보인다

잠시 멈춘다
돌아갈 수 있을까
다시 묵묵히
가던 길을 밟는다

내 침묵 속에 묻힌 수많은 기도들
내 눈물 속에 덮인 수많은 질문들

나 그대 앞에 설 때 다 쏟아부으리
저 길, 저 끝에서

뒤돌아본다
끝이 없어 보인 길
혼자 걷기엔
너무 멀어만 보였다

다시 걷는다
앞서 놓인 발자국
그 발자국 따라
난 오늘도 걷는다

내 고독 속에 던진 수많은 외침들
내 아픔 속에 맺은 수많은 기억들
나 그대 앞에 설 때 다 내려놓으리
이 길, 저 끝에서

◇◇ 길 위의 선교

한국 교회가 선교에 남다른 열정을 보인 것은 우리나라를 찾아온 초기 선교사들의 모범적 선교 사역의 열매이기도 하지만, 마태복음 28장 19절에 대한 남다른 반응 때문이었다고도 생각한다. 한국 교회는 "너희는 가서"라는 예수님의 말씀에 큰 무게를 실어 반응했고, 이러한 반응은 수많은 선교사를 무척 짧은 시간 안에 세계 속으로 파송할 수 있게 했다. 동시에, '일단 가고 보는' 성향에 따른 다소 부정적인 결과도 가져온 것 같다.

이런 의미에서 "너희는 가서"라고 해석된 대위임령 구절의 원뜻을 보다 주의 깊게 살펴볼 필요가 있겠다. 이 구절에 대한 바른 해석은 '너희는 가면서'(As you go)다. 가는 것 자체에 예수님의 마음이 집중된 것이 아니다. 예수님이 우리에게 부탁하신 마지막 말씀의 초점은 '가는 것', 혹은 '일단 가고 보는 것'에 있는 것이 아니라 '제자 삼는 것'에 있다. 제자 삼는 일은 우리에게 주어진 길을 '걸어가면서', 맡겨진 삶의 현장에서 성실히 '살아가면서' 할 수 있고, 해야 하는 것이다.

다시 말해서, 선교는 어디론가 먼 길을 떠나가고 난 이후에 시작되는 것이 아니라, 오히려 평범한 일상을 살아 내고 있는 오늘의 이 자리에서 이미 하나님이 시작하고 지속하고 계시는 일을 발견하고 그 일에 동참하며 이루어지는 것이다. 이것이 오늘의 '선교적 교회'가 담아내야 하는 핵심적 이해다. 한국 교회의 '행함' 중심이 아닌 '존재' 중심의 선교에 대한 올바른 이해는 어쩌면 "너희는 가서"로 해석된 구절에 대한 바른 해석과 적용으로 시작되어야 할지도 모르겠다.

"너희는 가서"라는 구절을 바르게 이해해야 하는 또 하나의 이유가 있다. 이는 하나님의 선교에 참여할 때 우리가 대면하게 되는 긴장이 발생하기 때문이다. 그중 하나가 앤드류 월스(Andrew Walls)가 말하는 "토착의 원리"(Indigenizing Principle)와 "순례의 원리"(Pilgrimage Principle) 사이에 존재하는 긴장이다.[12] 이 긴장은 두 가지 책임, 즉 복음을 그 누구에게도 외래적인 것으로 소개해서는 안 되는 책임과 복음은 이 땅 그 어디에도 속한 것이 아님을 깨닫게 해야 할 책임 가운데 놓인 긴장이다. 이는 예수님이 우리에게 보여 주신 본을 보면 좀 더 쉽게 이해할 수 있다.

하나님의 본체이신 예수 그리스도가 우리를 위해 우리와 같이 되어 우리를 찾아오셨다. 친히 육신이 되어 우리에게 찾아와 우리 가운데 거하신 것이다. 성육신하신 예수님으로 말미암아 예수님의 제자들은 예수님의 말씀을 자신의 모국어로 듣고 깨닫고 살아 내며 전파할 수 있게 되었다. 예수님은 아무도 정확히 알아들을 수 없는 하늘의 신령한 언어로 말씀하지 않으셨고, 따라서 그 누구도 예수님의 통역자로 나설 필요가 없었다. 예수님은 제자들의 언어로 말씀하셨고, 그들이 이해할 수 있는 방식으로 말씀하셨다. 더 나아가, 그들의 생활 속으로 들어가서 그들과 같이 되셨다. 결코 '외래인'으로 남지 않으셨다.

그러나 이와 동시에, 예수님은 제자들의 삶과 생각 속에 발견되는 그릇된 것은 대면하여 꾸짖으셨으며, 궁극적으로는 그들의 삶의 의미가 이 땅에 있지 않음을 도전하셨다.

이처럼 예수님은 제자들의 언어와 문화를 익히심으로 복음을 절대 외래적인 것으로 소개하지 않으셨다. 동시에 복음은 그들의 삶의 방식으로 인해 희석될 수도, 그들의 문화에 온전히 동화될 수도 없는 것임을 가르쳐 주셨다.

선교는 예수님이 이미 보여 주신 길을 매일 성실히 살아가면서 하나님이 친히 이루시는 일에 겸손히 가담하는 것이다. 선교는 길과 진리요, 생명 되신 예수 그리스도가 이미 보이고 이루신 더할 나위 없는 충분함 위에 연속되는 것이다. 그래서 선교는 길 되신 예수님이 앞서 걸어가신 길 위의 선교인 것이다.

◇◇ 길 위의 회심

만일 우리가 선교는 하나님의 것이고, 선교의 주체는 하나님이시며, 선교란 예수 그리스도가 우리에게 보여 주신 본을 겸손히 순종으로 따라가는 것임을 진정으로 받아들이고 믿는다면, 선교는 가르치고 선포하는 것이기 전에 배우는 것이라는 사실을 또한 깨닫고 고백해야 한다. 보혜사 성령을 보내 주신 것도 바로 배움의 선교를 가르쳐 주시는 하나님의 은혜라고 믿기 때문이다.

배움의 선교, 배움으로서의 선교를 이야기할 때 선교와 선교학의 관계를 이해하는 것이 도움이 되겠다. "일출의 선교, 일몰의 선교학"이라는 말이 있다.[13] 활기찬 선교 사역이 없다면 선교에 대한 새로운 질문도 있을 수 없고, 결과적으로는 선교의 학문적 발전도 기대하기 어렵다. 마찬가지로, 학문적으로는 새로운 질문이 제기되나 그 질문에 대한 적절한 응답이 현장으로부터 나오지 않는다면 선교적 과업을 실행하는 것도 침체될 수밖에 없다.

이같이 상호적 의존 관계 속에 있는 선교적 실천과 선교적 성찰 사이의 끊을 수 없는 연결성에도 불구하고 선교와 선교학 간에는 필요 이상의 거리가 과거뿐만 아니라 오늘도 유지되어 오고 있음을 우리는 인정하고 반성해야 한다. 현장의 선교사는 선교학자를 어려워하고, 선교학자들은 현장 선교사를 꺼리는 안타까운 현실을 우리는 반드시 극복해야 하겠다.

결코 길었다고 할 수 없는 카자흐스탄에서의 선교 경험은 무엇보다 나의 부족함을 깨닫게 해 준 배움의 시간이었다. 그 후에 이어진 풀러선교신학대학원에서의 시간도 여전히 나의 부족함을 보여 준 배움의 시간이었다. 돌아보건대, 선교 현장의 경험도, 이를 돌아보게 해 준 교육의 현장도 선교를 바라보는 틀로서의 선교사의 회심과 더 나아가 교회의 회심으로서의 선교를 볼 수 있도록 도와주었다. 선교사가 된 나는 이미 온전해 그 어떤 변화도, 그 어떤 회심도 필요 없는 존재라는 자만함에 빠진 채 아직도 수많은 변화와 심각한 회심이 필요한 저 무리를 대상으로 행하는 그 무엇만이 선교가 될 수 없음을 말이다.

사도행전 10-15장은 아주 중요한 사건들을 기록하고 있다. 이 기록에서 우리는 고넬료와의 만남을 통해 이루어진 베드로의 회심을 목격한다. 그리고 베드로의 회심이 예루살렘교회의 회심으로 발전된 장면을 목격한다. 그러나 바울이 수년 후 찾은 예루살렘교회는 다시금 수만 명의 "율법에 열성을 가진 자"(행 21:20)들로 가득했다. 이는 무엇을 의미하는가?

변해야 하는 사람은, 회심을 필요로 하는 자는 오직 '그들'만이 아니라는 것이다. 하나님의 선교에 동참하는 우리는 이미 더 배울 것도, 더 이상 변할 것도 없는 존재가 아니라는 것이다. 선교사

인 나의 신학도, 우리의 신학도, 나와 우리의 신학적 해석과 적용
도 모두 이미 온전해 수정할 것이 없다고 주장하는 것은 잘못이
다. 돌이켜야 할 큰 착각이다.

요나서가 우리에게 주는 메시지도 분명하지 않은가? 요나서
역시 요나의 회심, 선교사의 회심을 이야기하고 있지 않은가? 오
늘까지 선교가 이어지고 있는 것은 고향을 떠나 고생과 고난을
마다하지 않는 선교사들, 이미 모든 것을 완벽하게 알고 완벽한
선교 실천을 위해 완벽하게 준비된 선교사들의 헌신 때문이 아니
다. 그들을 파송한 교회의 흠잡을 데 없는 선교적 이해와 실천 때
문도 아니다. 하나님의 사랑을 이미 맛보아 알아 구원의 기쁨을
만끽하고 있는 우리 때문도 아니다.

수많은 인간적 실수와 착각이 빚어낸 상처와 눈물에도 불구하
고 오늘까지도 하나님의 선교가 지속되고 있는 까닭은, 요나와
같은 우리에게도 선교의 귀한 일을 믿고 맡기시는 하나님 그분
때문이다. 아직도 하나님의 마음을 알고 품기에는 턱없이 부족한
우리를 그래도 믿고 부르고 보내시는 하나님의 열심이, 하나님의
인내하심이, 하나님의 사랑하심이, 하나님의 헌신과 열정이 오늘
도 하나님의 선교를 가능하게 하는 것이다. 이것만이 아직도 길
위의 회심을 경험해야 하는 불완전하고 연약한 우리가 하나님의
선교에 참여할 수 있는 유일한 근거다.

회심은 하나님과의 언약 관계로 되돌아가는 것을 의미한다. 우리의 회심은 우리를 향한 하나님의 언약에 그 뿌리를 두고 있다. 우리를 현재의 모습 그대로 내버려 두지 않으시는 하나님의 헌신적 언약이 있기에 우리의 회심이 가능한 것이다. 회심은 인간의 의지만으로는 불가능하다. 하나님이 우리 안에 새로운 마음을 허락하지 않으시면(겔 11:19-20) 우리는 하나님께 스스로 회개해 돌아가기 어려운 존재다. 언약의 하나님이 성실하신 긍휼로 우리의 삶과 마음을 새롭게 하고 변혁시키시기에, 마음을 돌이키는 하나님이 계시기에(호 11:1-7; 욘 3:10) 우리의 회심이 가능한 것이다. 인간을 위해 인간과 함께하시는 하나님이 우리의 회심조차도 가능하게 하신다.

우리 모두는 아직 길 위에 있다. 아직 길을 걸어가고 있다. 선교사도, 신학자도, 선교학자도 모두 아직 길을 걸어가고 있는 중이다. 길 위의 회심을 필요로 하는 우리 모두의 마음속에 오늘도 여전히 바울의 고백이 울려 퍼지기를 원한다. "내가 이미 얻었다 함도 아니요 온전히 이루었다 함도 아니라 오직 내가 그리스도 예수께 잡힌바 된 그것을 잡으려고 달려가노라 형제들아 나는 아직 내가 잡은 줄로 여기지 아니하고 오직 한 일 즉 뒤에 있는 것은 잊어버리고 앞에 있는 것을 잡으려고 푯대를 향하여 그리스도 예수 안에서 하나님이 위에서 부르신 부름의 상을 위하여 달려가노라"(빌 3:12-14).

회심은 하나님께로 돌이키는 것이다. 이것은 신학적 추상이 아니다. 일상 속에서 생각하고 느끼고 믿고 행하는 유형의 변화에 목표를 둔 실제적 "돌아섬"이다.[14] 그리고 다시는 그 길로 돌아가지 않는 것이다. 우리의 이 목적 있는 돌아섬이 길 끝에서 하나님을 만날 때까지 계속되기를 소망한다.

개인 묵상, 소그룹 나눔을 위한 질문

1. 오늘 당신이 감당하고 있는 '길 위의 수고'는 무엇이며, 그 수고의 의미를 어디에서 찾는가?

2. '길 위의 선교'가 당신에게 시사하는 바는 무엇인가?

3. 하나님과의 언약 관계로 되돌아가 새롭게 느끼고 생각하고 믿고 행할 것이 있다면 무엇인가?

나의 마지막 호흡 다하도록

한 방향을 향한 지속적 순종 / 강하고도 약한 순종

한 방향을 향한 지속적인 순종의 길을 걷는
우리의 상한 마음에 하나님은 귀 기울여 주신다.
그러다 보면 또한 어느새 찢긴 상처를
그분의 눈물로 치유하시는 하나님을 발견한다.

◇◇　한 방향을 향한 지속적 순종

우리는 이 땅 위에서의 삶 가운데 수많은 과제와 도전을 마주하게 된다. 그중 결코 쉽지 않은 것 하나가 바로 한 방향을 향한 지속적인 순종일 것이다.[1]

　언제부터인가 나는 한 가지 일을 오랜 시간 지속해 온 이들을 존경하게 되었다. 그들이 지니는 전문성 때문이 아니다. 자신이 정한 한 방향을, 자신이 확보한 한 자리를 그 어떤 상황에도 내어놓기를 주저하는 사람을 존경한다고 말하는 것도 아니다. 더 노골적으로 이야기하자면, 자신의 왕국 설립을 위해 어떤 일이 있어도 자신의 자리와 권리를 주장하며 주위 사람을 아프게 하는 사람을 존경한다고 말하는 것도 아니다.

한 방향을 향한 지속적인 순종을 보인 한 사람의 삶이 내 앞에 있다. 무엇이 한 방향을 향한 지속적인 순종을 가능하게 했을까 생각할 때마다 나는 친할머니를 떠올린다. 할머니는 6·25전쟁 당시 순교하신 할아버지를 대신해 가족을 이끌고 남으로 피난해서 홀로 칠 남매를 키우셨다. 그러니 그 삶의 여정 가운데 얼마나 많은 질문과 눈물과 아픔이 있었겠는가.

할머니에 대한 나의 기억은 어렸을 때 살던 집의 작은 방 하나와 함께 내 마음에 담겨 있다. 가족들이 '중간 방'이라고 불렀던 이 작은 방에서 할머니는 항상 기도하고 찬송하셨다. 특별히 〈내 주를 가까이하게 함은〉(새찬송가 338장)과 〈주 안에 있는 나에게〉(새찬송가 370장) 이 두 찬송은 무척 자주 들었다. 할머니와 단둘이 앉아 이야기를 나누거나 무엇을 함께했던 기억은 많이 없지만, 할머니가 엄마에게 들려주신 그리고 엄마가 나에게 들려주신 다음의 이야기는 오늘까지도 내 삶에 깊이 뿌리내려 어려운 순간마다 큰 힘이 되고 있다.

엄마는 목사 아내로서의 삶이 어렵게 느껴질 때마다 할머니 방에 들어가 자신의 힘든 상황과 마음을 여과 없이 나누셨다. 어린 나이에 친정 엄마를 잃으신 엄마에게 할머니는 아마도 친정 엄마 같은 존재셨던 것 같다. 그날도 엄마는 할머니께 속 이야기를 마음껏 꺼내 놓으셨다. 그때 할머니가 엄마에게 하신 말씀이다. "얘야, 내가 어려운 일, 억울한 일을 참아야 할 때마다 얇디얇은 흰 종이에 '참을 인'(忍) 자를 써서 항아리에 넣었더라면 지금쯤 그 항아리는 흰 종이들로 넘쳐흘렀을 것이다."

엄마가 들려주신 할머니의 이 말씀은 내가 카자흐스탄에서 이런저런 어려움을 겪을 때마다 내 마음에 자주 떠올랐다. 딱 한 번 들은 이야기임에도 할머니의 항아리 이야기에 담긴 신학과 영성은 무척 분명하고도 깊은 자국을 내 삶에 남겼다.

그럼에도 나는 자주 하나님께 불평했다. 하루는 양육해 오던 카자흐스탄 형제자매들을 대하며 내 입에서 나도 모르게 터져 나온 불평 어린 말이 모세의 마음에도 있었음을 목격하고 매우 놀란 적이 있다. "이 모든 백성을 내가 배었나이까 내가 그들을 낳았나이까 어찌 주께서 내게 양육하는 아버지가 젖 먹는 아이를 품듯 그들을 품에 품고 주께서 그들의 열조에게 맹세하신 땅으로 가라 하시나이까"(민 11:12). 사도 바울도 모세와 비슷한 경험을 했던 것 같다. 바울은 다음과 같이 고백했다. "나의 자녀들아 너희 속에 그리스도의 형상을 이루기까지 다시 너희를 위하여 해산하는 수고를 하노니"(갈 4:19).

선교는 젖먹이 아이를 가슴에 품고 양육하는 어미와 아비의 마음을 필요로 한다는 생각을 마음에서 지울 수 없다. 할머니의 항아리 이야기도 내 마음을 깊이 울린다. 항아리 한가득 차오른 흰 종이도 내 눈과 마음에 아로새긴다. 이처럼 할머니의 항아리는 어제에 이어 오늘도 나에게 분명한 방향과 거스를 수 없는 가치를 제공해 준다.

성경 속 많은 인물 중 인생의 여정 가운데 흐트러짐 없이 순종의 길을 묵묵히 걸어 온 사람으로 사무엘을 기억하고 싶다. 그의 삶 속에 발견되는 열정, 헌신, 희생, 성실성 그리고 하나님을 의지하는 성품과 가치는 그의 어머니 한나에게서도 목격되는 것을 볼 때, 이는 사무엘의 어린 시절부터 형성되어 온 것 같다. 어린 사무엘은 이렇게 주님 안에서 성장했다(삼상 2:26).

그러나 어린 나이의 사무엘 주님을 섬기기 시작한 당시의 주위 환경은 결코 만만치 않았다. 타락이 만연한 시대였다. 한 예로, 그 시대를 본받아 살던 제사장 엘리의 아들들은 하나님을 경외하지 않음으로 하나님께 드리는 제물까지도 함부로 대했다. 이 모든 일이 하나님의 오랜 침묵 가운데 이루어졌다는 사실은 또 다른 무게를 사무엘의 어깨에 더했을 것이다. 오랜 시간 지속되었던 하나님의 침묵이 사무엘을 향한 하나님의 말씀으로 마침내 깨어졌다. 그리고 사무엘은 결코 전달하기 쉽지 않았을 하나님의 마음을 들은 그대로 엘리 제사장에게 전달했다.

사무엘이 예언자로 섬기게 된 이스라엘 당시의 상황 역시 군사적으로도, 도덕적으로도 연약할 때였다. 이처럼 결코 만만치 않은 주변 상황과 환경 속에서 사무엘은 다시금 이스라엘 민족에게 이방 신과 신상을 버리고 하나님만을 섬길 것을 촉구하며 미스바에 모인 민족을 대신해 주게 부르짖었다.

이후 사무엘은 왕을 요구하는 백성과도 대면했다. 길갈에서 사울이 이스라엘의 첫 번째 왕으로 세움을 받게 되자, 사무엘은 이스라엘 민족에게 신실하신 주 하나님께 순종하고 충성할 것을 호소하며 언약 백성으로서의 그들의 정체성을 상기시켜 주었다. 결국 사울 왕과의 복잡한 관계 속에 서게 되었을 때도 사무엘은 그를 꾸짖었을 뿐만 아니라, 그를 왕으로 세우신 것을 후회하고 그를 더 이상 이스라엘의 왕으로 세울 수 없다는 하나님의 결정을 전달하는 용기까지도 보여 주었다.

이제는 사울로 인해 괴로워하지 말라는 하나님의 음성에 순종해 길을 떠날 때에는 이새의 아들 다윗에게 기름을 부음으로 새로운 시작을 알렸다. 사역 말기에 이르러서도 사무엘은 예언자들을 계속해서 훈련했다. 마침내 사무엘이 죽음 앞에 서게 되었을 때, 온 이스라엘이 그와 함께 슬퍼했다.

사무엘은 이스라엘의 마지막 사사로서, 또한 초기 예언자 중 한 명으로서 순종의 길을 걸었다. 결코 하나 되지 못하는 이스라엘의 어두운 시절과 타민족으로 인한 압박의 세월, 제사장의 타락과 예언자의 결핍으로 인한 역경의 세월을 지나 이스라엘의 회복과 확장, 왕성한 예언의 시대에 이르기까지 성실히 이스라엘 백성을 이끌었다. 사무엘은 중재자, 개혁가, 중보자 그리고 사사로서 결코 평탄하지만은 않은 인생의 여정 속에서 순종의 길을 묵묵히 걸었던 것이다. 어려움의 고비마다 자신의 개인적 욕구와 판단이 하나님의 계획과 생각을 거스르게 내버려 두지 않았다. 평생토록 하나님의 부르심에 대한 흔들림 없는 헌신과 하나님의 말씀, 그 진리만을 전하고자 그 마음의 결심은 타협할 줄 몰랐다. 무엇이 이 모든 일을 가능하게 했을까?

몇 해 전 귀한 동역자였던 신상우 형제가 하나님 곁으로 갔다. 그날이 오기 얼마 전까지도 내게 가사를 부탁했었는데 바쁘다는 이유로 완성된 가사를 전달하지 못한 것이 내내 마음 아파, 장례식 하루 전 완성해 가족에게 전달한 가사가 여기 있다.

가죽신 (아버지 품으로)

어제는 내 상한 발에
가죽신을 신기셨고
오늘은 내 지친 몸을
친히 등에 업으시네

어제는 내 상한 맘을
허리 굽혀 들으셨고
오늘은 내 찢긴 살에
당신 눈물 바르시네

내 아버지 그 넓은 품에
나 이제 안기어
어제의 가죽신
그 발 앞에 내려놓고

이제는 아버지와
가죽신을 지으리
상한 발로 아파하는
친구들을 위해…

　한 방향을 향한 지속적인 순종의 길을 걷는 우리의 상한 발에
하나님은 가죽신을 신겨 주신다. 그러다 보면 어느새 아버지의
등에 업혀 있는 자신을 발견한다. 한 방향을 향한 지속적인 순종
의 길을 걷는 우리의 상한 마음에 하나님은 귀 기울여 주신다. 그
러다 보면 또한 어느새 찢긴 상처를 그분의 눈물로 치유하시는

하나님을 발견한다. 언젠가는 이 길 끝에서 우리 모두 아버지의 품에 안기게 될 것이다. 이 땅에서 우리의 호흡이 다한 후에도 우리는 영생을 맛보며 주와 함께 살 것이다.

◇◇   강하고도 약한 순종

19세기 말부터 20세기 초에 이르기까지 복음주의 전통과 에큐메니칼 전통 사이에 생겨난 작지 않은 틈은 '말이냐, 행동이냐'라는 이분법적 사고를 부추기게 되었다. 이는 선교적 과업의 이해에도 영향을 미쳐서[2] 선교의 핵심이 복음의 구두적 선포냐, 아니면 정의와 긍휼을 베푸는 사회적 행동이냐에 대한 논의를 일으켰다.[3] 복음 전도와 사회 참여 사이를 나누는 이분법적 사고와 논의는 20세기 내내 복음주의 선교를 괴롭힌 것이 사실인 듯하다.

   예를 들어, 전천년주의 및 개인주의 영향 아래 사회 복음에 대한 부정적 반응을 나타낸 전통 가운데 자리한 교회는 자신의 선교적 부르심을 복음의 구두적 선포로만 이해했다. 이는 하나님 나라를 미래의 것, 영적이고 내적인 마음의 문제로만 생각하게 하는 결과를 빚었다. 구원을 이해함에 있어서도 지나친 개인주의적 접근으로 인해 개인의 구원이 사회적, 경제적, 혹은 정치적 구조에 미칠 수 있는 영향에는 큰 관심을 두지 않았다. 인간의 노력에 의한 교육과 개혁 프로그램을 통해 변혁을 주장하는 사회 복음 운동 역사의 긍정적 관점을 크게 반대하며 역으로 역사에 대한 비관적 관점만을 옹호했다. 이렇게 인간의 노력의 허망함과 하나님 나라의 미래적 측면만을 강조함으로 오늘의 삶과 미래적 하나님 나라 간의 비연속성을 주장하게 되었다.

20세기 중반에 이르러서야 새로운 사회적 양심을 발전시키면서 사회적 관심도 교회의 사명으로 인정하기 시작했고, 복음 전도의 결과로서의 사회적 참여를 인정하며 이 둘을 어떻게 연결할 것인가에 대한 논의가 일어났다. 이를 기초로 복음 전도는 사회 참여를 동반해야 한다는 의견이 지배적이 되기는 했으나, 동등한 동반자로서의 복음 전도와 사회 참여에 대한 생각은 우선성에 대한 질문으로 이어졌다. 결국 1974년 로잔 선언문은 복음 전도에 우선성을 허락했다.[4] 물론 모든 복음주의자가 이에 동의한 것은 아니지만 말이다.

이에 반해, 개인이 아닌 사회, 복음 설교가 아닌 변혁 그리고 미래가 아닌 현재를 강조한 전통은 교회의 선교적 부르심을 '행함'에 두었다. 이를 통해 하나님 나라는 사회적 발전으로, 구원은 인간의 복지와 사회적 변화로 각각 이해되었다. 선교 역시 인간의 노력에 그 초점을 맞추게 된 것이라는 극적인 평가를 내릴 수도 있겠으나, 이를 통해 교회가 구조적 악에 대해 눈을 뜨게 된 것은 부인하기 어려운 사실이다.

레슬리 뉴비긴은 이렇게 지적한다. "세례를 받고 성경을 읽으며 열심을 내는 그리스도인들이 교회 성장에만 관심을 두고 성경이 가르치는 인간의 존엄성과 사회적 정의는 무시하는 것을 우리는 어떻게 평가해야 하는가? 동시에 정의와 같은 이슈들에 대해서는 아무 말도 하지 않고, 개인의 행동에 관한 질문들에 대해서만 말하는 전도의 형태를 어떻게 방어할 수 있겠는가? 회심만을 첫 번째로 이야기하며 모든 다른 윤리적 이슈들은 이차적인 것으로만 다루는 것에 우리는 동의할 수 있겠는가?"[5]

전도와 사회적 행동을 둘로 나누는 것은 근본적으로 잘못된 것이다. 이러한 이분법적 사고는 신학적으로 생각하기를 거부하는 사람의 비성경적 생각임을 월터 브루그만은 지적한다. 만약 우리가 전도만을 강조한다면 "무엇을 위한 소식인가?"라는 질문을 던질 수밖에 없고, 사회적 행동만을 강조한다면 "어떠한 자원으로 시작되는 무엇을 위한 행동인가?"라는 질문을 던질 수밖에 없다.[6]

선교적 과업이 때로는 대화로, 때로는 예언으로 이루어져야 하듯이 그리고 이 둘은 구별은 되나 전혀 분리될 수는 없는 것처럼, 전도와 사회적 행동도 구별되었으나 분리될 수 없음을 기억하면 좋겠다. 성경과 기독교 전통에 귀 기울일 뿐만 아니라 주변 문화에서 벌어지는 일에도 귀를 기울여야 "이 세대를 본받지 말고 오직 마음을 새롭게 함으로 변화를 받아"(롬 12:2) 하나님의 선교에 동참할 수 있듯이 말이다.

안타깝게도, 이 같은 이분법적 사고는 삶과 사역의 다양한 영역에서도 어렵지 않게 목격된다. 지나치게 단순화된, 축소된 사고 방식은 결코 기술적으로만 해결될 수 없는 문제까지도 기술적으로만 해결하려는 선택을 부추기곤 한다. 이는 리더십에 대한 이해와 적용에 있어서도 마찬가지다. 잘못된 양자택일이 우리의 마음을 어지럽힌다. 우리가 지켜야 할 것은 돈이냐 아니면 품질이냐, 우리가 섬겨야 할 대상은 투자자냐 아니면 고용인이냐, 리더는 태어나는 것이냐 아니면 양성되는 것이냐 등의 질문으로, 우리는 둘 중 하나만을 선택하는 것이 가장 옳고 효과적이라는 생각의 틀을 벗어나지 못하는 것 같다.

그러나 하나님이 우리에게 허락하시는 풍성한 삶은(요 10:10; 딤전 6:17) 양자택일의 삶이 아니라 역설(paradox)의 삶이다. 십자가와 영광이 함께하는 삶이다. 권위와 상처가 공존하는 삶이다. 동시에 강하고, 동시에 약한 삶이다. 의미 있는 결정과 행동을, 의미 있는 위험을 마다하지 않으며 품는 삶이다. 강하고도 약한 순종의 삶인 것이다. 나는 그리스도 예수 안에 있는 역설의 삶을 품는다. 약할 때 강한 삶을 품는다.

"환난의 많은 시련 가운데서 그들의 넘치는 기쁨과 극심한 가난이 그들의 풍성한 연보를 넘치도록 하게 하였느니라"(고후 8:2). 이 말씀 안에 서로 어울리지 않는 단어들이 나란히 서 있다. 넘치는 기쁨과 극심한 가난, 환난의 많은 시련과 풍성한 연보 등이 그렇다. 그런데 이것이 그리스도 안에 거하는 삶의 참모습이다. 극심한 가난이 그리스도 안에서 온전해지는 넘치는 기쁨을 막을 수 없고, 환난의 많은 시련이 서로를 향한 너그러움과 관대함을 거스를 수 없다.

환난이라는 환경 속에서 가난도 막을 수 없는 기쁨이 서로를 향한 넉넉함으로 치솟아 오르는 삶이 그리스도 안에 거하는 삶이다. 그렇게 하나님을 예배하는 삶이 자신을 먼저는 주께 드리고, 하나님의 뜻을 따라 서로에게도 주는(고후 8:5) 삶, 즉 우리가 지으심을 받고, 구원을 받고, 보내심을 받은 목적을 이루는 삶이다.

믿음으로 시작되어, 사랑 안에서 경험되고, 소망으로 나아가게 되는 성령 안에서의 삶을 생각할 때, 결코 성령의 역사하심 없이 선교는 시작될 수도, 지속될 수도, 마무리될 수도 없음을 나는 오늘 이 자리에서도 고백한다. 나를 창조하시고, 새롭게 하시고, 회복하시고, 구원하시는 성령 하나님의 역사하심을 따라 오늘도 하나님의 선교를 목격할 뿐 아니라 그에 동참하기를 소원한다. 내 마지막 호흡이 다하도록 강하고도 약한 순종의 삶을 성령 하나님의 통치하심 안에서 살아가기를 바란다.

개인 묵상 및 소그룹 나눔을 위한 질문

1. 당신은 무엇을 향해 오늘도 걸어가고 있는가?

2. 당신의 강하고도 약한 순종을 돕는 것이 있다면 무엇인가? 당신의 '한 방향을 향한 지속적 순종'을 방해하는 것은 무엇인가?

3. 오늘의 삶 속에서 양자택일이 아닌 십자가의 영광과 같은 역설적 긴장감을 유지하기 위해 당신은 어떤 경험과 노력을 기울이고 있는가?

6. 나로 그 십자가 품게 하시니

자아를 잊는 축복 / 십자가

십자가는 그 그늘조차도 내게 소망을 준다.
십자가는 그 그늘마저도 내게 참생명을 가르쳐 준다.
내 마음의 소란과 요동침을 달랠 수 있는 것은
오직 십자가뿐이다.

◇◇　자아를 잊는 축복[1]

갑작스런 남편의 병으로 전혀 생각하지 못했던 시점에 선교사 후
퇴를 경험한 나는 5년간의 짧은 해외 선교사의 삶을 뒤돌아보면
서 "나는 과연 어떤 선교사였는가?"를 질문해 보았다. 카자흐스탄
사람들을 처음 찾았던 시기의 나는 분명 '이방인'이었다. 그들도,
나도 서로를 알지 못했다. 그들이 나와 우리 가정에게 베푼 친절
은 그들이 지니고 살아온 '환대'라는 민족적, 문화적 특성 때문이
었다. 그곳에서 만난 고려인들의 경우에도 선조의 고향 사람이라
는 반가움 때문이었다.

　그러나 차츰 시간이 지나면서 그들은 나와 우리 가정을 더 이

상 손님이 아닌 친구로 받아 주었다. 친구로서의 관계가 형성된 이후에야 우리는 영적인 이야기를 나눌 수 있었다. 그리고 그 땅을 떠나오던 날 밤, 그들은 나를 '엄마'라고 불러 주었다.

그들의 곁을 떠나온 지 10여 년이 훌쩍 지난 어느 날, 우리가 떠나온 이래 교회 리더로 섬기게 된 자매와 전화 통화를 할 기회가 있었다. 이 자매는 우리 부부를 통해 복음을 듣고 세례를 받은, 우리 부부의 기억 속에서는 결코 잊힐 수 없는 존재다. 길지 않은 통화였다. 그런데 그 짧은 대화를 통해 우리 부부가 5년간 눈물로 뿌렸던 씨앗이 이제는 열매를 맺고 있음을 기억해 달라는, 너무도 힘이 되고 격려가 되는 이야기를 들을 수 있었다. 그리고 앞으로는 좀 더 자주 연락하자는 마음도 나누었다. 전화 통화를 끝내고 한참을 울었다. 엉엉 소리 내어 울었다. 그리고 남편에게 이렇게 말했다. "하나님이 30대의 우리 열정을, 복음에 대한 우리의 사랑을 기억하고 계셔."

전화 통화를 한 지 다시 수년이 지난 오늘까지 그 자매와의 두 번째 전화 통화는 이루어지지 않았다. 그런데 그것이 오히려 더 감사하다. 선교사는 오히려 잊혀져야 하는 존재라고 믿기 때문이다. 그러나 잊혀져야 하는 존재가 어디 선교사뿐이겠는가.

이미지라는 것은 단순히 흥미로운 그림이기보다는 특정 개념의 집약된 메시지를 담고 있다. 그런 의미에서 우리가 품고 있는

'선교사'에 대한 이미지 안에는 우리가 옹호하는 선교의 집약된 메시지가 담겨 있다고 할 수 있다. 스티븐 베반스(Stephen Bevans)가 총 여덟 가지의 선교사 이미지를 정리하면서 각각의 이미지에 담긴 선교의 본질에 대해 논할 수 있는 이유도 여기에 있다. 그가 정리한 여덟 가지의 선교사 이미지는 다음과 같다. 보물을 찾는 사람, 선생, 예언자, 손님, 이방인, 동료, 이주 노동자, 유령 등이다.[2]

바벨탑 사건에서 성읍을 건설하고 그 꼭대기가 하늘에 닿는 탑을 지어 자신들의 이름을 내고 온 땅에 흩어짐을 면하고자 한 사람들을 본다(창 11:4). 인간은 대부분 자신의 이름을 널리 알리고 오래 기억되기를 원하는 것 같다. 잊히지 않기 위한 몸부림으로 많은 힘을 자신에게만 집중시키기도 한다. 잊히는 것도, 자아를 잊는 것도, 힘을 나누는 것도, 모일 뿐만 아니라 흩어지는 것도 복된 것임을 인간은 쉽게 깨닫지 못하는 것 같다.

세례 요한은 우리에게 짧지만 강한 고백을 전한다. "그는 흥하여야 하겠고 나는 쇠하여야 하리라"(요 3:30). 우리에게 가장 중요한 것은 우리가 아니다. 우리가 마침내 이루어 내는 그 무엇도 아니다. 바로 하나님이시다. 하나님의 영광이다.

선교와 리더십을 경험하고 연구하면서 그 무엇보다 확신하게 되는 것은 선교에 있어서도, 리더십에 있어서도 우리가 그 중심이 될 수 없고, 되어서도 안 된다는 것이다. 그럼에도 우리는 우리 자아의 문제로 끊임없이 고민하며 어려워한다. 그래서 팀 켈러는, 우리는 우리 자신을 더 낮게 생각하거나 더 높이 생각해야 하는 것이 아니라, 우리 자신에 대해 덜 생각해야 한다고 말한다. 그리고 이렇게 정리한다. "진정 복음으로 겸손한 자는 자신을 미워하는 자도, 자신을 사랑하는 자도 아니라, 발가락과 같이 특별히 관심을 차지하지 않게 하면서도 묵묵히 자신의 일을 하는 자다."[3]

죄는 우리로 하여금 하나님을 예배하도록 창조된 목적을 저버리고 스스로 보좌를 차지하고 그 위에 앉아 자신을 주장하며 예배하게 한다. 그러나 복음은 자신을 잊을 뿐만 아니라 자신을 버려야 함을 보여 주신 예수님을 따르고 본받게 한다. 팀 켈러의 주장대로, 자아에 너무 많은 관심을 쏟는 것이 우리의 문제다. 자아라는 것에 바람이 너무 많이 들어가 교만해지는 것도, 바람이 너무 많이 빠져 우울해지는 것도 동일하게 자신에게 지나친 관심과 과다한 생각을 쏟아부은 결과라는 것이다.[4] 복된 것은 자아를 잊는 것이다.

수년 전, 하나님의 사랑은 바로 '허리 굽힌 사랑'이라 생각하며 감사함으로 쓴 가사가 있다.

허리 굽힌 사랑

하나님 허리 굽혀 이 땅을 찾으셨네
말구유 이곳까지 친히 찾아오셔서
온 땅 위해 온몸으로 막힌 담 허셨네

하나님 허리 굽혀 내 삶을 찾으셨네
소망 잃은 내 영혼 친히 찾아오셔서
나를 위해 온몸으로 화목 다리 놓으셨네

예수 예수 예수 허리 굽힌 하나님 사랑
예수 예수 예수 허리 굽힌 하나님 사랑

오늘도 나는 하나님의 허리 굽힌 사랑 때문에 산다. 자기를 비워 종의 형체로 우리를 찾아오신 아버지의 사랑 때문에 산다. 그리고 자아를 잊는 축복을 누리며, 허리 굽힌 사랑을 실천하며 살기 원한다.

◇◇ 십자가

우리가 살고 있는 이 세상 속 많은 사람은 고난 없는 영구적 건강과 지속적 행복을 삶의 목표로 삼고 사는 듯하다. 그러나 고난은 환상이 아닌 현실이다. 인간으로 산다는 것은 고통과 고난의 현실 가운데 살아간다는 말이다. 그리스도인이 된다고 해서 고난 없는 삶을 보장받는 것은 아니다. 오히려 그리스도인이 되는 것은 고난을 통과할 뿐만 아니라, 고난을 채우는 삶을 살기로 작정한다는 의미를 지닌다. 아무 고난도 없는 삶이 아니라, 그리스도의 고난을 이해하고 그 고난에 동참하게 되는 삶이 바로 그리스도인의 삶이다.

선교 역사를 돌아보면, 하나님의 선교는 고난과 깊은 관계가 있는 것을 볼 수 있다. 고든콘웰신학대학원(Gordon-Conwell Theological Seminary)의 스캇 선퀴스트(Sctott Sunquist) 총장이 지적한 바와 같이 고난을 믿음의 결핍, 혹은 불순종의 결과로 치부하는 어그러진 신학도 있지만,[5] 선교적 삶의 본질을 이해하는 사람에게 있어서 고난은 빠질 수 없는 것이다. 기독교도 고난 속에 탄생되었고, 선교도 약함과 고난으로 시작되었다.[6] 만약 고난의 자리와 고난 가운데 선 사람을 무시한다면, 우리는 복음에 신실하지 못한 것이다. 복음 속에서, 하나님의 구속 역사 속에서 고난이라는 것은 피할 수 없는 핵심 요소다.[7] 성령의 역사하심도 기적과 고난을 모두 동반한다. 베드로의 설교를 통해 3,000명이 주께로 돌아온 것도 성령의 역사하심의 결과다. 스데반의 죽음 역시 성령의 역사하심의 결과다.

지금까지 내 삶에 있어서 가장 어둡게 기억되는 시절은 앞서도 언급했듯이, 바로 러시아 유학 시절이다. 돈이 있어도 살 수 있는 것이 마땅하지 않았던 그때는 기억하기도 쉽지 않은 세월이다. 얼마 전까지만 해도 누군가 여행 경비를 다 대 준다고 해도 다시 찾고 싶지 않은 곳이 바로 러시아였을 만큼, 내게 있어서 러시아 유학 생활은 힘겨웠고, 기억마저 처참하게 어두웠다.

러시아어권 선교사가 되겠다고 하나님께 약속한 이후에 찾아간 땅이었다. 그리고 그 땅의 문화와 언어를 미리 익히는 것이 이후 선교를 위한 준비이자 유학의 목표였기에 누구보다 열심히 공부했다. 학교 강의가 끝나면 바로 도서실을 찾아가 문 닫는 시간까지 차 한잔과 빵 한 조각으로 버티며 공부했다. 집으로 돌아와서야 유일한 밥반찬이었던 핀란드산 오이 피클을 솥째 끌어안은 채 밥과 함께 먹으며 한 끼를 때우는 것이 나의 일상이었다. 주중에는 선교사님들에게 러시아어를 가르쳐 드렸고, 러시아 청년들과 함께하는 영어 성경 공부를 인도했다. 주일이 되면 주일학교 아이들과 하루 종일 시간을 보냈다.

이러한 열심에도 나는 별로 좋은 소리를 듣지 못했고, 이로 인한 마음의 상처도 컸다. 돌이켜 보면, 그때 받은 상처의 대부분은 그 누구 때문이라기보다는 미성숙한 나 자신 때문이었다. 하지만 결국 3년의 유학 생활을 마치고 집으로 돌아왔을 때 나는 오래전 하나님께 드렸던 선교에 대한 헌신을 온전히 부인하기에 이르렀다.

광풍이 일어 큰 물결이 배에 부딪쳐 들어오자 두려워 떨던 예수님의 제자들을 기억하는가? 그들은 위기에 부딪히자 잠들어 계신 예수님을 깨워야 한다고 생각하며 이렇게 외쳤다. "선생님이여 우리가 죽게 된 것을 돌보지 아니하시나이까"(막 4:38). 나 역시, 예상하지 못했던 풍랑을 만나 당황하게 되자 제발 좀 잠에서 깨어나 현실 좀 파악하시라고, 이제는 하나님이 깨어나 나를 돌보실 시간이라고 외치며 하나님을 깨우려 했다. 내가 이렇게 말도 안 되는 고통 속에 있는 까닭은 하나님의 실수로 인한 것이라고 굳게 믿었다. 그래서 주무시는 하나님을 깨우려 했다.

그날은 경복궁 근처에 자리한 오랜 친구의 미술 작업실에 혼자 앉아 있었다. 난방이 전혀 되지 않아 전기장판 하나에 의지해 몸을 녹이고 있던 나는 하나님께 소리 내어 반항하기 시작했다. 이렇게 대들었다. "하나님, 도대체 이 세상에 무엇 하나 변하지 않는 것이 있습니까? 만약에 그런 것이 있다면, 거기에 내 소망을 걸겠습니다. 하나님, 이 세상에 한결같은 것이 하나라도 있습니까? 있다면, 거기에 내 삶을 던지겠습니다. 도대체 무엇이 변하지 않아서 내 소망이 되며, 무엇이 한결같아 내 삶을 품을 수 있겠습니까? 하나님, 이 세상에 나를 만족하게 할 수 있는 것이 하나라도 있습니까? 있다면, 그 안에서 좀 쉬고 싶습니다. 하나님, 내가 누구를 기다린들 마음이 기쁘겠습니까?" 반항은 통곡으로 변했고, 모든 것이 억울하다는 생각으로 몸서리치기 시작했다.

그런데 그때 하나의 단어가 떠올랐다. 그것은 바로 '십자가'였다. 아니, 단어라기보다는 하나의 사실이었다. 하나의 실체였다. 부인할 수 없는 진리였다. 깨어나야 할 자는 하나님이 아니라 나 자신이었다. 그 자리에서 나는 글을 써 내려갔고, 곡을 붙여 부르기 시작했다.

십자가

무엇이 변치 않아
내 소망이 되며
무엇이 한결같아
내 삶을 품으리

그 누가 날 만족케 해

내 영이 쉬며

그 누굴 기다려

내 영이 기쁘리

십자가 십자가

그 그늘 아래 내 소망이 있네

십자가 십자가

그 그늘 아래 내 생명이 있네

주여 내 영을 고요케 하사

십자가를 품게 하시며

주여 내 영을 잠잠케 하사

십자가로 만족케 하소서

그렇다! 십자가는 그 그늘조차도 내게 소망을 준다. 십자가는
그 그늘마저도 내게 참생명을 가르쳐 준다. 내 마음의 소란과 요
동침을 달랠 수 있는 것은 오직 십자가뿐이다. 그래서 나는 오늘
도 기도한다. "주여, 내 영을 십자가로 고요케, 십자가로 잠잠케
하옵소서. 십자가를 품으며 십자가로 만족하게 하옵소서." 그날

이후로 나는 성찬식을 무척 좋아하게 되었다.

그날도 잔과 떡을 받으며 예수님을 묵상했다. 함께 자리한 이들과 함께 "최후 승리를 얻기까지 … 빛난 면류관 받기까지 험한 십자가 붙들겠네"(새찬송가 150장), 고백하는 중 내 마음을 한가득 채우는 험한 십자가를 보았다. 정말 험한 십자가였다. 그 표면이 너무도 험하고 거칠어서 그 누구도 붙잡기는커녕 손가락 하나 올려놓을 수 없는 십자가였다.

그리고 그 험한 십자가 앞에서 어쩔 줄 몰라 하는 나를 보았다. 자기 십자가를 지고 나를 따르라 말씀하시는 예수님의 목소리는 분명히 들렸지만, 너무 험해서 손가락 하나 얹기조차도 어렵겠다는 생각을 하며 멀리서도 느껴지는 그 무게로 인해 그저 예수님의 상한 어깨만 물끄러미 올려다보는 나를 보았다. 그리고 손에 들고 있던 주보 귀퉁이에 이렇게 적어 내려갔다.

십자가와 나

너무 험해서
홀로 붙잡기 어려워
그 못 자국 위에
손만 올려 봅니다

너무 무거워

홀로 질 수 없어서

그 상한 어깨 위로

눈만 돌려 봅니다

그 고통

그 눈물

다 헤아리기 어려워

그 사랑

그 자비

더욱 귀중합니다

아직도 나는 예수님이 그 온몸에 채우셨던 찢어지는 고통과 그 마음 한가득 흘리셨던 쏟아지는 눈물을 헤아릴 수가 없다. 친히 지고 걸으셨던 그리고 끝내 달리셨던 험하고 무거운 십자가, 그 수치의 십자가의 무게를 감히 헤아릴 수조차 없다. 그 십자가 안에 담긴 사랑과 자비는 내 이해의 범위 한참 너머에 있기에, 그저 소중하다고밖에는 달리 고백할 길이 없다.

그날의 성찬식 가운데 내 마음을 울렸던 또 하나의 메시지는 십자가의 침묵이었다. 십자가에 달린 예수님은 침묵하셨다. 물론 우리를 위해 기도하셨고, 하나님 아버지께 그 영혼을 맡긴다 외치셨다. 하지만 당신을 위해서는 고통의 소리를 뿜어내지 않으셨다.

그런데 이 침묵 속에서 나는 더없이 큰 외침의 소리를 들었다. 모든 높은 벽을 넘어가는 너무도 큰 외침이었다. 감히 이 외침을 막을 수 있는 것은 아무것도 없다. 오늘까지도 수많은 경계선을 넘어가고 있는 이 침묵의 외침은 듣는 이들의 마음의 언어로 전달되는 사랑의 외침이다. 이 침묵의 외침은 오늘 하루도 힘겹게 살아가는, 전 세계에 흩어져 있는 모든 하나님의 백성, 모든 하나님의 아들과 딸을 위한 구원의 외침이다.

하나님의 사랑

험한 십자가에
하나님 사랑이
눈을 감아도 보이는 사랑

십자가 침묵에
사랑의 외침이

귀를 막아도 들리는 사랑

하루의 수고가 힘에 겹고
마음의 짐이 무거워질 때
십자가 깊이 새겨진 사랑
그 영원한 사랑 붙잡게 하소서

저 언덕 너머 울고 있는 사람
외롭고 지쳐 쓰러진 사람
십자가 침묵 안에 흐르는 외침,
그 사랑의 외침 듣게 하소서

어디를 가든지, 무엇을 하든지
나 십자가 떠날 수 없고,
나 건강하든지 병약하든지
십자가 사랑 부인할 수 없네

내 삶에는 항상 좋은 날, 평탄한 날만 있는 것이 아니다. 항상
건강한 날만 있는 것도 아니다. 그러나 그 어떠한 상황 속에서도
나는 십자가 사랑을 부인할 수가 없다. 그리고 이 부인할 수 없는

하나님의 사랑이 오늘을 살아가게 하는 힘이 된다. 그래서 오늘도, 내일도 내가 해야 할 일은 나로 십자가를 품게 하시는 하나님 사랑을 바라보는 것이다.

개인 묵상 및 소그룹 나눔을 위한 질문

1. 당신의 삶, 당신의 소명을 가장 잘 표현하는 이미지가 있다면 무엇인가? 그 이미지에 담긴 집약된 메시지는 무엇인가?

2. '자아를 잊는 축복'이 오늘 당신에게 어떤 의미로 다가오는가?

3. 친히 '허리 굽혀' 찾아오신 하나님을 당신은 언제, 어떻게 경험했는가?

4. 예수 그리스도의 십자가가 당신에게 주는 의미는 무엇인가?

7. 나 주저함 없이 그 땅을 밟음도

광야 / 기억의 재산 / 다시 경계선 너머로

우리가 기억해야 하는 하나님은
과거에만 머물지 않으신다.
오늘 기억할 수 있는 하나님은
어제의 하나님이신 동시에
오늘의 하나님 그리고 내일의 하나님이시다.

◇◇　광야

2007년 어느 날, 나의 삶 전체를 찬찬히 뒤돌아보며 삶의 시간 선
을 그려 본 적이 있다. 그 이후에도 지금까지 여러 번 처음 작성
된 시간 선을 다시 들여다보며 지속되는 시간 선을 이어 그려 가
고 있다.

　지금까지의 내 삶은 크게 세 국면으로 나누어진다. 내 인생의
세 가지 국면에 이름을 붙여 보았는데, 첫 번째 국면은 '개간되지
않은 땅', 두 번째 국면은 '경작된 땅' 그리고 마지막 국면은 '기름
진 땅'이다.

개간되지 않은 땅
1970
온실 속 흙
1985
이식된 흙
1992

경작된 땅
갈아엎은 흙
1995
회복된 흙
2000
씨를 품은 흙
2005

기름진 땅
비옥한 흙
2013
결실의 흙
2020

'개간되지 않은 땅'에 비교한 첫 번째 국면은 내 삶의 첫 22년(1970-1992)을 포함한다. 이를 다시 두 개의 하부 국면으로 나눈 후 첫 번째 하부 국면은 '온실 속 흙', 두 번째 하부 국면은 '이식된 흙'으로 각각 칭해 보았다. 이민 전까지 내 삶은 그야말로 온실 속의 흙과 같이 평온했다. 어디를 가서 무엇을 하든지 자신감에 차 있었고, 어디를 가서 무엇을 하든지 사람들의 관심을 끌었다. 어디를 가서 무엇을 하든지 외롭지 않았다. 온실 속의 흙처럼 고왔고, 그 고운 것이 자랑이요, 힘이었다.

그러나 이민 후 나의 삶은 다른 땅에 옮겨 심긴 어린 나무가 몸살을 하듯 아팠다. 많이 아팠다. 그리고 어디를 가서 무엇을 하든지 자신감이 없었으며, 어디를 가서 무엇을 하든지 사람들의 관심 밖에 서 있었으며, 어디를 가서 무엇을 하든지 외로웠다. 그러던 중 하나님을 만나 선교에 헌신했지만, 여전히 기다림 속에서 외로운 시간이었다.

'경작된 땅'에 비교한 내 삶의 두 번째 국면은 이어지는 13년간의 삶(1992-2005)을 포함한다. 이를 세 개의 하부 국면으로 나누어 '갈아엎은 흙', '회복된 흙' 그리고 '씨를 품은 흙'이라 각각 이름 지어 보았다. 러시아에서의 유학 생활과 그 후 잠시, 그러나 혹독하게 찾아온 반항과 침체의 시간은 본격적인 경작 시기였다. 거대한 경운기가 한 치의 자비도 없이 땅을 갈아엎어 어린 시절부터 뿌리내려진 잘못된 기대와 섣부른 판단과 관계의 습관이 뽑혀 나가는 시기였다.

삶의 모든 잡초가 뿌리째 온전히 뽑혔다고 주장할 수 없는 증거들이 이후의 삶 속에서도 발견되었기에 이 과정 속에서도 잡초의 씨앗들은 숨어 있었지만, 그래도 회복의 시기를 거치며 내 삶은 새로운 씨앗을 품을 수 있었다. 그 결과 카자흐스탄에서의 선교 생활이 시작되었다. 경작되고 회복된 땅은 차차 열매를 내기 시작했고, 나는 기뻤고 행복했다. 그러나 큰 행복과 기쁨을 안겨 주었던 카자흐스탄 땅을 나와 나의 가족은 전혀 생각지도 못했던 시기에 전혀 예상하지 못했던 이유로 떠나야만 했다. 이렇게 내 삶의 두 번째 국면은 마무리되었고, 세 번째 국면이 시작되었다.

이어지는 '견고한 땅'에 비교한 내 삶의 세 번째 국면에 속한

15년의 세월(2005-2020)은 기다림으로 시작되었다. 기다림은 쉼만을 의미하지는 않았다. 오히려 비자발적으로 시작된 기다림은 휴식과는 거리가 먼, 결코 쉽게 쉴 수 없는 시간으로 채워졌다. 갑작스런 이별이 그리고 끝이 없어 보이는 기다림이 견딜 수 없게 괴롭혔다.

그러나 시간이 흐르면서 결코 수동적이지만은 않은 기다림을 시작할 수 있는 은혜를 입었다. 선교 현장에서의 경험을 학교라는 안전한 시간과 공간 속에서 돌아보며 반성하고 반추할 기회를 갖게 되었다. 다른 어떤 곳에서도 누릴 수 없었던 만남의 축복도 누렸다. 다양한 관점과 영역 속에 이루어지는 하나님의 선교를 경험과 이론을 통합한 삶으로 가르치는 교수들, 나 혼자만의 독특한 경험인 줄로만 알았던 고민들을 이미 논하고 있는 다양한 학자들과 실천가들의 문헌들, 비슷한 듯하면서도 서로 다른 경험과 고민을 지닌 하나님의 사람들과의 만남은 모두 내 삶을 비옥하게 만들어 주었다. 그래서 내 삶의 세 번째 국면의 첫 하부 국면을 '비옥한 흙'이라 이름 붙였다.

이후 이어진 7년간은 배운 것을 감사함으로 가르칠 수 있는 시간으로 채워졌다. 한국에서 그리고 미국에서 선교학 교수로 살아온 이 시간은 다양한 학생들과의 만남을 통해 다양한 목소리를 들을 수 있는 귀한 기회가 되었다. 배우기를 그치는 그 순간이 가르치기를 그치는 순간이 되어야 한다는 확신을 갖고 부지런히 배우며 가르친 복된 시간이었다. 그래서 이 시기는 '결실의 흙'이라 부를 수 있을 것 같다.

2020년 7월, 나는 또 한 번의 지리적 이동과 함께 새로운 삶과 사역을 시작하게 되었다. 지난 4년간 섬겨 온 풀러신학대학원에서의 교수 생활을 마무리하고 고든콘웰신학대학원에서 학장의 직책을 맡으며 교수 생활을 이어 가게 되었다. 얼마간의 시간을 어떤 모습으로 이곳에서 섬기게 될지 지금은 정확히 알 수 없으나, 수년이 흐른 뒤에는 보다 밝히 이때의 의미를 해석할 수 있게 되리라 소망한다.

평생의 관점에서 오늘을 해석하고 이해하는 연습을 이어 가며 지금까지의 삶을 시간 선을 통해 표현해 보는 것은 무척 뜻깊은 경험이다. 특별히 내 삶 속에 목격되는 비교적 잦은 지리적 이동을 통해 하나님은 나에게 무엇을 가르치고 말씀하기 원하시는지 진지하게 질문하게 된다.

'땅'이라는 주제가 내 삶에 흐르고 있음을 목격하게 되면서, 이스라엘의 역사 속에 발견되는 땅과 관련된 흥미로운 사실 하나에 주목하게 되었다. 그것은 바로 이스라엘 백성이 부족함 없는 삶을 누릴 수 있었던 때는 땅을 소유했을 때가 아니라, 오히려 소유한 땅이라고는 단 한 평도 없었던 험한 광야를 지날 때였다는 사실이다.

삶의 윤택함을 보장해 주는 마땅한 자원이라고는 하나도 찾아볼 수 없었던 광야에서 이스라엘은 오히려 아무 부족함 없는 삶을 경험했다는 사실은 무척 흥미롭다. 이 흥미로운 사실이 오늘을 사는 나에게 그리고 우리에게 시사하는 의미는 무엇일까?

다른 그 어떤 것으로가 아니라 하나님의 자비로운 공급하심에 철저히 의존하며, 하나님이 차려 주시는 식탁에 철저히 감사하는 삶을 살 때 우리에게는 부족함이 없다. 아무것도 소유하지 못하나 아무것도 부족하지 않은 삶이 가능한 것은, 또한 안전한 노예 생활이 아닌 위험한 광야와 원수 앞에서도 잔칫상(시 23:5)을 경험할 수 있는 것은 제한된 땅의 생산물과는 비교할 수 없는 한없는 하늘의 공급하심이 우리를 에워싸기 때문이다.

우리의 노동력이, 우리의 생산력이, 우리의 재력이 우리의 삶을 넉넉하게 만드는 것은 아니다. 월터 브루그만은 '염려의 경주'를 이어 가는 인간의 모습을 지적하면서, 삶의 의미와 가치가 유용한 물품들의 생산과 소모에 의해 정의되는 현실에 도전장을 던진다.[1] 오늘날 시장 경제 중심의 문화 속에 살아가는 사람들의 모습은 결국 넘쳐 나는 소유, 필요 이상으로 쌓여 가는 재산을 보관하기 위한 노동의 현장이라고 주장하면서 말이다. 결국 과잉이 보관의 필요를 낳고, 보관의 필요가 노동을 낳는 악순환적 과정 속에 우리는 갇혀 있다. 이는 현대 세계의 안타까운 세속화의 한 면이기도 하다.

돈 슬레이터(Don Slater)의 주장대로, 우리는 "누가 무엇을 소비할 수 있는가를 제한하는 원칙"이 없어지고 "소비될 수 있는 대상을 구속하는 원칙"도 없어진 때, "모든 대인 관계, 활동, 물건이 다 상품으로 교환"[2]되어 버린 때를 살고 있는 듯하다. 참으로 안타깝고 슬픈 일이다.

카자흐스탄 선교 직후 나의 삶은 결코 순탄하지 않았다. 남편은 하루 24시간 중 최대 2시간 정도만 활동할 수 있었고 나머지 시간은 그냥 누워만 있었다. 그리고 계속 잠을 청했다. 그러나 쉽게 잠들 수 없었고, 어쩌다 잠이 들었다가도 나와 아들이 내는 작은 소리에 깨어나 힘들어했다. 그렇게 1년을 보냈다. 지금 돌아보면 참 어두운 1년이었다.

그러던 어느 날, 주일 예배 설교 중에 야곱의 이야기에 귀 기울이게 되었다. 야곱은 두 마음을 품었던 사람이다. 순전한 마음으로 하나님의 인도하심만 바랐던 인물은 아니다. 하나님을 붙잡기보다는 자신의 힘과 지혜를 믿었고, 하나님의 약속을 믿기보다는 스스로 판단하기에 적합한 행동과 그 결과의 열매를 믿었던 사람이다. 자신의 판단과 부적절한 방법으로 획득한 장자권으로 인해 생명의 위협을 느끼자 도망친 사람이다.

그날 설교 말씀 속에서 만난 야곱은 바로 도망자 야곱이었다.

자신 밖에 있던 그 무엇 때문이 아니라, 자신 안에 자리 잡고 있던 욕심의 결과로 한순간에 도망자가 되어 광야 한가운데 이르게 된 야곱이었다. 도망자 야곱은 밤을 맞자 돌 하나를 주워 베개로 삼았다. 그리고 잠을 청했다. 그러나 쉽게 잠들지 못했다. 아마도 돌이킬 수 없는 자신의 실수에 대한 후회 때문이 아니었을까 상상해 본 바로 그때, 나는 어느덧 광야 한복판에서 홀로 잠을 청하는 야곱에게서 나의 모습을 보게 되었다. 그의 처량한 처지가 나의 처지와 비슷하다는 생각이 들었다. 그리고 이렇게 주보 한쪽에 적어 내려갔다.

버려진 돌 하나 주워
베개를 삼고
텅 빈 하늘을 덮은 채
홀로 누웠습니다

돌아갈 길이 없기에
마음에 머무는
내 지난 이야기들이
눈물로 흘렀습니다

내게는 그 당시 돌아가고 싶은 땅이 있었다. 그런데 그 땅은 돌아갈 수 없는 땅이었다. 다만 그 땅에 남겨 두고 온 이야기만 겨우 기억으로 더듬어 찾아갈 수 있을 뿐이었다. 그렇게 내 마음을 떠나가지 않고 머물러 있는 그 땅의 이야기는 점점 과거 속 지난 이야기가 되어 가고 있었고, 그 이야기는 그저 눈물이 되어 흐르고 있었다.

성경 본문을 계속 읽어 내려갔다. 다시금 돌베개를 베고 누운 야곱 안에서 나를 보았다. 베고 누운 돌베개를 눈물로 적시고 있는 나를 보았다. 그렇게 돌베개를 베고 누워 울고 있는 내게 하나님이 이렇게 말씀하시는 것 같았다. 그래서 주보 또 다른 한쪽에 이렇게 글을 이어 갔다.

차디찬 돌베개
뜨거운 눈물에 젖을 때
세미한 주 음성
내 마음에 꽂혔습니다

"네 아픔 쌓인 곳에
나 항상 있었고
네 탄식 배인 곳에
내 눈물 고였노라

너 일어나 돌베개로
돌단 쌓으리니
네 돌베개 놓인 곳
벧엘 되리라.”

집으로 돌아왔다. 다시 말씀을 열었다. 그리고 어렵게 잠든 야곱이 환상을 보고, 그 환상 끝에 하나님을 본 것을 마음에 담았다. 날이 밝자 지난밤 베개 삼았던 돌을 취해 단을 쌓고 하나님을 기억하며 예배하는 야곱의 모습도 마음에 담았다. 그리고 본문의 끝자락을 더듬으며 이렇게 주보에 적어 둔 나의 고백을 마무리했다.

하나님 허리 굽혀
내 돌베개 주우사
당신의 뜨거운 품에
고이 품으시니

내 슬픔의 돌베개
외로움의 돌베개
내 귀한 하나님의 집
기둥 되었습니다

나에게는 지워 버리고 싶지만 잘 지워지지 않는 과거의 일들이 있다. 그 일들이 문득 마음에 떠올라 내 뜻과는 상관없이 꽤 오랜 시간 머무르는 경우가 있는데, 그 기억이 가끔은 그냥 힘없는 눈물로 흘러 버릴 때가 있다. 그렇게 흐르는 눈물을 받아 내는 돌베개도 내게 있다.

그런데 이야기의 끝은 여기가 아니다. 무어라 한 단어로 설명할 수 없는 생각과 기억이 그저 힘없는 눈물로 흘러내리고, 이를 받아 내는 나의 돌베개를 하나님은 그냥 내버려 두지 않으신다. 친히 허리를 굽혀 그 돌베개를 주우시고, 그 돌베개를 당신의 품에 품으신다. 아주 고이 안으신다. 그리고 그 돌베개를 변화시키신다.

우리 모두에게는 자기만의 돌베개가 있다. 그것은 외로움, 슬픔, 육체적 연약함, 정신적 어려움의 돌베개일 수 있다. 그런데 그것이 무엇이 되었건 하나님은 우리의 돌베개를 받으시고, 그 돌베개가 놓였던 자리로 하여금 예배의 자리가 되게 하신다.

대부분의 경우, 거친 돌이 하루아침에 보석으로 변하지는 않는다. 오늘 알게 된 병이 내일 갑자기 낫는 일은, 수년간 지속되어 온 자녀의 방황이 오늘 갑자기 멈추는 일은, 충격적이고도 슬픈 부모의 치매가 갑자기 완치되는 일은, 원하고 꿈꾸던 평생의 소원이 하루아침에 현실이 되는 일은 일어나기 어렵다. 그러나 분명한 것은, 우리의 돌베개를 하나님 앞에 내어놓을 때 하나님이 직접 그 돌베개를 당신의 품에 품으시고 그 돌베개로 하여금 벧엘의 기둥이 되게 하신다는 것이다. 하나님은 내 슬픔, 고통, 수치의 돌베개를 하나님의 집, 예배의 집의 기둥으로 삼으신다. 돌베개로 예배의 반석이 되게 하신다.

우리가 바라고 소망하는 것이 무엇인가? 영적인 풍요로움이 아니겠는가. 그런데 영적인 풍요로움은 광야의 예배에 그 뿌리를 두고 있음을 기억하자. 그리고 결국 그날에는 아무도 능히 셀 수 없는 큰 무리가 각 나라와 족속과 백성과 방언에서 나와 보좌 앞과 어린양 앞에 서서 큰 소리로 외치며 "구원하심이 보좌에 앉으신 우리 하나님과 어린양에게 있도다"(계 7:10)라고 찬양하게 될 것을 기억하자.

◇◇　기억의 재산

월터 브루그만은 '공간'(Space)과 '장소'(Place)를 구분한다. 공간은 비어진, 강요나 압력으로의 자유를 상징하는 개념이라고 할 수 있는 반면, 장소는 역사적 의미로 채워진, 기억과 연속성과 정체성을 지닌 개념이라고 그는 설명한다.[3] 이 같은 설명에 빗대어 보자면, 땅은 공간보다는 장소에 더 가깝다. 그렇기에 땅에 대한 관심은 자신의 뿌리에 대한 관심이며, 소속감에 대한 갈망이요, 갈증일 수 있다.

세계 각지에 흩어진 우리 모두는 수많은 사람이 삶의 안녕과 정착을 위해 새로운 땅을 찾아 나서는 모습을 함께 목격하며 살고 있다. 고향을 떠나 먼 타향에서 살아가고 있는 인구수는 계속해서 증가하고 있으며,[4] 이는 지구의 많은 사람이 때로는 이방인으로, 때로는 방랑자로, 때로는 유배자로 살아가고 있음을 의미한다.

누가 이방인인가? 약속의 땅을 향한 길 위에 서 있는 사람이 이방인이다. 누가 방랑자인가? 당장 눈으로 볼 수는 없으나 자기 삶의 역사성을 지탱해 줄 수 있는 땅이 있음을 믿고 생존의 길을 묵묵히 걷고 있는 사람이다. 누가 유배자인가? 돌아가기 원하는 자신의 땅을 기억하는 사람이다.[5]

찾아갈 땅과 돌아갈 집이 있다는 것은 이방인에게도, 방랑자에게도 그리고 유배자에게도 큰 위로와 소망과 기쁨을 준다. 약속을 향하여, 약속의 땅을 향하여 순례의 길에 오르는 것은 위협적인 일일 수도 있지만, 동시에 소망을 주는 일인 것이다.

그러나 여기서 꼭 기억하고 싶은 것이 하나 있다. 영원한 고향으로 돌아가기 전까지는 섣불리 땅을 소유하려 해서는 안 된다는 것이다. 그 이유는 무엇보다, 나의 것으로, 나의 소유물로 땅을 차지하려 할 때 우리는 이웃을 잃어버리고 말기 때문이다. 고향 아버지의 집을 떠난 아브라함에게도, 애굽 땅을 떠나왔지만 다시금 포로가 된 이스라엘 백성에게도 차별 없이 주어진 것은 하나님이 선물하시는 약속의 땅이었다. 그 어느 때에도 이 선물은 소유의 대상이라기보다는 돌봄의 대상이었다. 이렇게 땅이 소유의 대상이 아닌 돌봄의 대상으로 주어졌던 이유는, 이스라엘 백성 너머 이웃들에 대한 하나님의 마음 때문이었다.

그럼에도 길을 떠나는 사람에게 땅은 그 무엇보다 큰 유혹이 된다. 마땅한 소유물 없이 살아가는 순례자에게 땅이라는 것은 잠정적 소유물로 크게 다가올 수 있기 때문이다. 정착하고 싶다는 소망은 손에 잡히지는 않지만 안전한 삶의 환경과 손에 잡힐 수 있는 구체적인 소유물에 대한 갈증을 동반할 수 있기 때문이다.

그러므로 이 유혹을 이기기 위해서는 그 어떠한 땅도, 그 어떠한 소유물도 우리의 갈망을 채워 줄 수 없음을 아는 것이 필요하다. 그 어떠한 자원도, 약속도, 사람도 가져다줄 수 없는 만족감이 우리에게 절실히 필요하다는 사실을 기억해야 한다.

그렇다면 우리에게 더할 나위 없는 만족을 가져다줌으로 땅을 소유하고자 하는 유혹으로부터 우리를 자유롭게 할 수 있는 것은 무엇일까? 그것은 다름 아닌 기억의 재산이다. 믿음으로 순례의 길을 걷는 우리에게 가장 필요한 것이 있다면 그것은 기억의 축복이자, 기억의 재산이다. 하나님에 대한 기억이 순례의 길에 가장 보배로운 재산이 된다. 그래서 하나님이 그토록 반복적으로 하나님을 기억하라고 우리에게 말씀하시는 것이다. 하나님을 기억하는 것이 복이다. 하나님을 기억하는 것이 재산이다. 하나님에 대한 기억이 후세에 물려줄 수 있는 가장 값진 유산이다.

우리가 기억해야 하는 하나님은 과거에만 머물지 않으신다. 오늘 기억할 수 있는 하나님은 어제의 하나님이신 동시에 오늘의 하나님 그리고 내일의 하나님이시다. 다니엘이 기억한 하나님은 옛적부터 계신 분일 뿐만 아니라 오늘의 삶도 주장하시는 현재적 하나님이시다. 약속으로 받아 이웃을 위해 돌봐야 하는 땅을 자기 소유로 삼으려는 유혹으로부터 우리를 지켜 줄 수 있는 것은, 광야에서도 하늘의 것으로 풍성히 채우시는 하나님과 그분에 대한 기억이다.

하나님을 망각하는 것은 죄다. 힘과 뜻과 정성을 다해 기억하고 섬겨야 하는 하나님을 망각하는 것은 다른 신을 섬기게 하는 죄다. 폴 히버트(Paul Hiebert)가 죄는 관계가 파괴되는 것이라고 말하는 이유가 여기에 있다.[6] 요단 강을 건너기 전, 즉 '땅' 없이 살던 삶에서 '땅'에 거하는 삶으로 넘어가는 경계선 앞에서 이스라엘 백성에게 거듭 요구되었던 것은 다름 아닌 하나님을 기억하는 것이었음을 잊지 말자.

동시에, 하나님이 우리에게 약속하시는 땅은 이웃과 담을 쌓기 위함이 아니라, 이웃과 더불어 살기 위함임을 기억하자. 이 일은 이 세상 가운데 밟으며 살아가는 땅도, 그날 이후에 우리에게 주어질 새 하늘과 새 땅도 모두 하나님이 우리에게 주시는 선물임을 기억할 때 가능해진다.

바벨의 사람들은 탑을 지어 올려 자신의 이름을 내려는 계획을 가지고 있었지만 하나님의 계획은 달랐다. 바벨탑을 건설하던 사람들이 자신들의 힘으로 취하고자 했던 명성과 유산을 하나님은 아브라함에게 선물로 약속하지 않으셨는가.[7] 아울러 약속으로 주어진 땅을 자신의 노력으로 소유할 수 있다고 착각한 결과 이스라엘 백성의 포로 생활이 시작되지 않았던가.

◇◇　다시 경계선 너머로

흥미롭게도 나는 한국 사람과 있을 때는 캐나다 사람 같고, 캐나다 사람과 있을 때는 한국 사람 같다. 러시아에서 살 때도, 카자흐스탄에서 살 때도 '타향살이'라는 단어에 크게 공감했다. 미국에 있는 지금도 나는 고향 사람들이 있는 '집'에 살고 있다는 느낌은 누리지 못하며 살고 있다.

또한 한국에서 캐나다로, 캐나다에서 러시아로, 러시아에서 카자흐스탄으로, 카자흐스탄에서 미국으로, 미국에서 한국으로, 다시 한국에서 미국으로 그리고 미국 서부에서 미국 동부로 다양한 경계선을 넘으며 살아왔지만 항상 교차 문화적 삶을 살았다고 자신 있게 말할 수도 없다. 오히려 다양한 문화를 길 옆에 두고도 그 문화와 아무 상관없이 사는 삶이 무척 가능하다는 것을 경험한 것이 사실이다. 타 문화에 대한 섣부른 결론을 내리며 사는 것 또한 결코 어렵지 않다는 것도 깨닫는다. 이 같은 현실은 과연 어떤 이유에서 비롯된 것일까?

나는 그 첫 번째 이유를 배우려는 태도의 결핍에서 찾는다. 이 같은 결핍이 존재하는 이유는, 자기 고유문화의 행동 양식과 신념 체계와 세계관으로도 충분하다고 믿으며 그것을 유일하고도 옳은 것으로 주장해도 괜찮다는 마음 때문이다. 물론 나는 교차 문화적인 삶의 양식을 무조건적으로 장려해야 한다고 말하고 싶은 것은 아니다. 왜냐하면 그 이유와 동기가 다양할 수 있기 때문이다. 지배와 군림이라는 동기만으로도 사람은 교차 문화적이 될 수 있기 때문이다.

두 번째 이유는 '나'라는 경계선을 넘지 못하는 태도에서 비롯된다. 마이클 고힌은 19세기와 20세기에 걸쳐 이어졌던 활발한 개신교 선교 운동이 오늘날 이어지지 못하고 있는 이유로 선교 자원의 부적당한 분배, 식민주의적 선교의 잔재 그리고 열정의 결핍을 들면서, 선교에 대한 열정의 결핍은 영성의 결핍과 직결

되어 있음을 지적한다.[8] 그렇다면 영성의 결핍은 궁극적으로 무엇을 의미하는지 질문해 봐야 한다.

이는 세월에 걸쳐 점점 강화되고 있는 자기중심적 삶과 관련된 것이 아닐까 한다. 영성의 결핍은 문화적 경계선을 넘어가는 노력뿐만 아니라 '나'라는 경계선을 넘을 때 극복될 수 있어 보인다. '나'라는 경계선을 넘어야 이웃이 보인다. 이웃이 보이지 않으면 하나님의 마음을 따라 살 수 없다. 우리가 동참하도록 부르심을 받고 보내심을 받은 하나님의 선교는 결국 우리 너머에 있는 이웃을 보라는 하나님의 초대이기 때문이다.

흥미로운 사실이 있다. 눈이 열려 이웃을 볼 수 있는 자리는 중심이 아닌 변두리, 문지방 자리라는 것이다. 그래서 나는 고향 땅을 떠나 타향살이를 하고 있는 변두리 디아스포라로서의 정체성으로 인해 하나님께 감사한다. 문지방에서의 이주민의 삶이 이웃을 보다 주의 깊게 볼 수 있는 마음과 눈을 열어 주기 때문이다. 같은 상황에서도 다른 것을 볼 수 있도록 돕기 때문이다. 그래서 나는 디아스포라를 위한 선교뿐만 아니라 디아스포라를 통한 그리고 디아스포라를 넘어서는 선교는 계속 연구되고 실행되어야 한다고 믿는다.

바로 왕은 꿈을 꾸었다. 그 꿈을 해석해 준 사람은 요셉이었다. 둘 다 '꿈을 꾸는 사람'이라는 점에서는 공통점을 보였지만, 요셉과 달리 바로는 자신의 꿈을 해석할 수 없었다. 그리고 바로의 꿈은 해석 전에도, 그 후에도 악몽이었다. 그리고 그 악몽은 상상할 수 없을 만큼의 부를 축적한 바로까지도 궁핍의 때를 두려워하게 만들었고, 궁핍에 대한 바로의 두려움은 이스라엘 백성의 삶을 비참하게 만들었다.[9] 바로는 결국 '나'라는 경계선을 넘지 못했던 것이다.

'나'라는 경계선을 넘는 것은 누구에게나 어려운 일이다. 그러나 꼭 해야 하는 일이다. 앞서 언급한, 자아를 잊는 축복을 누리며 경계선 너머의 삶을 준비해야 한다. 경계선을 넘어 새로운 땅을 밟아야 한다. 땅을 차지하기 위해서가 아니라, 땅을 돌보며 이웃을 사랑하기 위해서 그렇게 해야 한다.

아담과 하와를 창조하신 하나님은 그들과 함께하셨고, 그들에게 가정을 허락하셨고, 전 창조 세계를 향한 돌봄의 청지기직을 부여해 주셨다. 아브라함과 함께하며 그에게 아내와 아들을 허락하신 하나님의 계획은 처음부터 열방을 위한 것이었다. 제자들로 하여금 예수님과 함께 있게 하시고, 말씀을 전파하게 하시며, 귀신을 쫓아내는 권능을 가지게 하려고 그들을 보내신 일도 이웃을 위한 것이었다.

하나님이 우리를 지으시고 부르시고 보내시는 까닭은, 하나님과의 풍성한 교제의 장막이 '나'라는 경계선을 넘어 우리와 그들에게까지도 확장되기를 간절히 원하시기 때문이다.

개인 묵상 및 소그룹 나눔을 위한 질문

1. 당신의 삶의 시간 선을 작성해 보라. 기억나는 중요한 사건들을 떠올려 보라. 당신의 삶에 도움을 주었던 사람들을 기억해 보라. 당신의 삶 속에 담겨 있는 주제(들)를 살펴보라.

2. 당신의 '돌베개'는 무엇인가?

3. 당신은 어떤 기억의 재산을 누리며 살고 있는가? 무엇을 기억함이 당신에게 축복인가?

4. 당신은 '나'라는 경계선을 넘기 위해 매일 어떤 삶의 리듬을 실천할 수 있겠는가?

8.

나를 붙드시는 하나님의 은혜

갚을 길 없는 은혜 / 하나님의 은혜

삶의 구석구석에 새겨진 그리고 앞으로도 새겨질
하나님의 역사하심과 인도하심을
나는 그저 '하나님의 은혜'라고밖에 말할 길이 없다.
전혀 갚을 길이 없는 하나님의 은혜다.

◇◇ 갚을 길 없는 은혜

다양한 경계선을 넘어 온 내 삶의 굵직한 기억을 되짚어 본다. 아직 초등학교도 입학하지 않았던 때로 기억되는 어느 날이었다. 부흥 강사 목사님의 "하나님께 자신의 삶을 드리기 원하는 사람은 앞으로 나오십시오"라는 초청 말씀에 무슨 감동이 있었던지 벌떡 일어나 강대상 앞으로 걸어 나갔다. 비록 한낱 어린아이의 결심이자 행동이었지만 하나님이 그때 내 마음의 기도를 들으셨음이 분명하다.

열다섯 살이 되던 해 겨울, 서울시 성북구 장위동에서 태어나 그곳이 세상 전부인 줄 알고 자랐던 어린아이가 기막히게 낯선 땅, 캐나다를 밟았다. 다른 민족, 다른 언어, 다른 문화에 대한 경험이 시작된 것이다. 앞서 이야기했듯이, '친구 한 명 없는 외톨이'라는 사실을 그 누구에게도 들키기 싫은 마음에 화장실 변기에 앉아 샌드위치를 점심으로 먹으며 지독히 외로운 시간을 보내던 어느 날, 화장실 문턱에서 생전 처음으로 들었던 하나님의 마음이 있었다. 그리고 그 마음으로 인해 이전에는 없었던 하나님과의 친밀한 교제가 내 삶에도 시작되었다.

스무 살이 되던 해 여름에는 러시아어권 선교사가 되겠다는 약속을 하나님께 드렸다. 그로부터 3년 후, 지금도 차갑게만 기억되는 자작나무 숲 가득한 러시아 땅을 난생처음으로 밟았다. 그러나 그 땅에서의 삶은 결코 밝지만은 않았다. 바로 앞에 줄 서 있던 사람이 마지막 양배추를 사 가는 바람에 1시간의 칼바람 속 기다림이 양배추가 아닌 콸콸 쏟아져 내린 눈물로 결론 났던 그날의 씁쓸함을 지금도 기억한다. 시장에서 원하던 물건을 구입한 후 너무 추워 뛰어가다가 도둑으로 의심되어서 경찰에게 잡혀갔던 웃지 못할 일도 떠오른다. 하루에 한 끼만 먹으며 최선을 다해 공부한 여러 날 끝에 '이제 선교와는 아무 상관없이 살리라' 다짐했던 그날도 또렷이 기억한다.

서른 살이 되던 해에 나는 부풀어 있었다. 나의 '대단한' 헌신에 스스로 감격스러워하며 "드디어 나의 헌신이 나로 하여금 선교사가 되게 하는구나" 하며 자화자찬하던 바로 그때, "은아야, 네가 헌신할 수 있는 것도 다 나의 은혜야"라고 말씀하시는 하나님 앞에 그대로 엎드려져 펑펑 울었다.

그리고 나는 다시 한 번 또 다른 언어적, 문화적, 민족적 경계선을 넘어 남편과 한 살 된 아들과 함께 카자흐스탄 땅을 밟았다. 그 땅에 사는 여러 소수 민족과 함께 성경을 공부하며, 함께 교회를 개척하며, 함께 예배하며, 함께 웃고, 함께 울며 행복한 선교사의 삶을 만끽했다. 그러던 어느 날, 남편의 갑작스런 병으로 '선교사 후퇴'를 결정할 수밖에 없게 되었을 때, 나는 또 한 번의 경계선을 비자발적으로 넘어야만 했다.

그 후 몇 년간은 선교 현장의 경험을 되돌아보는 시간과 공간을 학교라는 울타리 안에서 마음껏 누릴 수 있었다. 일부러 시간을 투자해 배우지 않아도, 보고 경험한 것만으로 충분히 감당할 수 있다고 믿었던 선교를 처음부터 다시 차근히 배우기 시작했다. 선교의 역사와 선교의 신학과 선교의 다양한 과업 그리고 무엇보다 선교의 하나님을 배우게 되었다. 나의 부르심은 나의 선교를 펼치기 위함이 아니라, 당신의 선교에 동참할 수 있도록 은혜로 초대하시는 하나님의 선교에 가담하는 것이라는 사실을 회개와 감사로 깨달으며 새로운 출발을 준비했다.

마흔이 되는 해에 나는 25년 만에 한국으로 돌아왔다. 고향 땅이라고 느끼기에는 이미 너무 많이 낯설어져 버렸지만, '정착'이라는 것을 꿈꾸며 또 다른 경계선을 한 번 더 넘었던 것이다. 분명 돌아온 것인데, 돌아왔다고 느끼기보다는 마치 처음 찾아온 듯한 한국 땅에서 이제는 가르치는 자로 하나님의 선교에 동참할 수 있었다. 이 땅도 나의 종착역은 아닐 것이라는 생각이 언제나 지긋이 자리하고 있었기에, 6년 세월을 뒤로하고 다시 미국 땅을 찾게 되었을 때에도 나는 그다지 당황하지 않았다.

이제는 교수가 되어 돌아온 모교에서 좀 더 깊게 선교학적으로 사고하며 가르친 지 4년이 지났다. 그리고 얼마 전에는 이제껏 한번도 살아 보지 않았던 미국 동부로 또 한 번 경계선을 넘었다.

지금까지의 내 삶을 돌아보면 볼수록 한 가지 분명해지는 것이 있다. 그것은 바로 하나님의 생각은 나의 생각과 다르다는 것이다(사 55:8-9). 나의 계산과 하나님의 계산 또한 다르다는 것이다. 당장은 심한 징벌로밖에 보이지 않던 것이 뒤돌아보면 더할 수 없는 선물이었음을 거듭 경험한다.

그러나 아쉽게도 나는 이런 하나님의 베푸심의 사실을 아직도 자주 놓친다. 당장은 나를 막아선 듯한 벽이 부인할 수 없는 자유였음을 이제는 좀 더 잘 알 듯도 한데, 여전히 되돌아봐야만 보인다. 그래서 더 늦기 전에 화장실에서 먹던 샌드위치 점심이, 눈물의 양배추가, 억울했던 선교사 후퇴가, 넘고 넘어 온 다양한 경계선이 결국은 모두 하나님의 선하심을 경험하게 한 귀한 통로였음을 오늘도 도저히 부인할 수가 없어 고백한다. 진실로, 하나님은 심판 가운데서도 은혜를 베푸시는 선한 하나님이심을 빈손 들고 고백한다.

이렇게 삶의 구석구석에 새겨진 그리고 앞으로도 새겨질 하나님의 역사하심과 인도하심을 나는 그저 '하나님의 은혜'라고밖에 말할 길이 없다. 전혀 갚을 길이 없는 하나님의 은혜다.

영어에는 'priceless', 'invaluable'이라는 단어가 있다. 값을 매길 수 없는, 그 어떤 시장 가치로도 표현할 수 없을 만큼의 것을 가리킬 때 쓰는 단어다. 우리의 삶 속에 이 같은 가치를 지닌 것은 무엇일까? 그 가치가 너무 커서 표현조차 안 되는, 도저히 그 어떤 값으로도 측정할 수 없는 것은 무엇일까? 내게는 하나님의 은혜가 그렇다. 도저히 그 값을 헤아릴 수조차 없어서 갚을 엄두도 낼 수 없는 것이 하나님의 은혜다.

그럼에도 우리는 때때로 우리가 하는 일, 힘들지만 할 수 있는 일을 하나님의 은혜를 갚을 수 있는 수단으로 착각하는 듯하다. 특별히 소명의 다양성을 무시하고 선교적 본질을 잃어버린 채 그저 오랫동안 '사역'이라는 이름으로 불러 온 일, '선교'라는 이름으로 구분해 부르는 일을 우리도 모르는 사이에 하나님의 은혜를 갚기 위한 도구로 전락시켜 버린 경우가 있는 것 같다.

그러나 하나님의 은혜는 갚으라고 주어진 것이 아니다. 오히려 갚을 길이 없다는 사실을 철저히 인정하고 겸손함과 감사함으로 받으라고 주어지는 것이다. 하나님은 광야를 걸어가는 이스라엘 민족에게 만나를 먹여 주실 때 만나에 합당한 일을 통해 그 값을 치르라고 명령하지 않으셨다. 그들의 삶을 윤택하게 해 줄 수 있는 유일한 방법이라고는 오직 하나님의 공급하심에 의지하는 것뿐이었다. 그들이 광야 한복판에서 매일 맞이한 만나는 "이것이 무엇인가?"라고 질문할 수밖에 없도록 만들었던 하나님의 은혜였다. 이렇게 우리의 논리로는 무엇인지 정확히 알 수도, 표현할 수도 없는 것이 하나님이 우리에게 허락하시는 하나님의 은혜인 것이다.

나의 삶을 뒤돌아보며 거듭 고백할 수밖에 없는 말이 있다. "나의 나 된 것은 다 하나님의 은혜입니다."

◇◇ 하나님의 은혜

선교 역사를 둘러보아도 같은 고백이 흘러나온다. 인간을 창조하시고, 인간이 타락한 이후에도 그들에게 가죽옷을 지어 입히시며, 그들을 위해 천사와 예언자를 보내시고, 구원자 예수 그리스도를 보내시고, 보혜사 성령을 보내시며, 교회를 세상에 보내시어 구속의 길을 열어 열방을 하나님께로 회복시키시는 하나님의 선교는 전적인 하나님의 은혜다. 갚을 길 없는 하나님의 은혜다. 부르심을 받은 곳곳에서 다양하고도 창의적인 모습으로 하나님의 목적과 계시의 뜻을 살아 낼 수 있는 것도 다 하나님의 은혜다.

앞서 거듭 강조한 대로, 선교는 인간의 헌신이나 순종으로 시작되는 것이 아니다. 나의 헌신과 순종보다 앞서는 것이 하나님의 역사하심이다. 하나님의 은혜 가득한 역사하심이다. 바울은 이렇게 고백했다. "내 어머니의 태로부터 나를 택정하시고 그의 은혜로 나를 부르신 이가 그의 아들을 이방에 전하기 위하여 그를 내 속에 나타내시기를 기뻐하셨을 때에"(갈 1:15-16).

바울은 그의 삶과 사역의 시작을 철저히 하나님의 지으심과 부르심에 두었다. 그러하기에 그는 이렇게 고백하며 자신의 다짐을 이어 갔다. "내가 하나님의 은혜를 폐하지 아니하노니"(갈 2:21). 하나님의 은혜를 헛된 것으로 다루지도, 여기지도 않겠다는 의미다. 하나님의 은혜를 무시하지 않겠다는 단호한 결심이다. 우리도 하나님의 선교에 동참하면서 하나님의 은혜를 폐하는 일, 무효화하는 일은 없어야 하지 않겠는가.

선교 신학을 강의할 때면 사복음서와 사도행전에 기록된, 제자들에게 마지막으로 부탁하신 예수님의 말씀을 학생들과 함께 살펴보곤 한다. 각각 다른 독자들을 향해 기록된 말씀이라는 관점에서 어떠한 유사점과 차이점이 있는지를 관찰한다.

그런데 놀라운 사실은, 대부분의 학생들이 너무나도 잘 알고 있는 마태복음 28장 18-20절에 기록된 말씀에서 그리스도가 받으신 권세와 그분의 명령에만 집중한 나머지 "내가 세상 끝 날까지 너희와 항상 함께 있으리라"라는 약속의 말씀에는 동일한 관심을 두지 못한다는 점이다. 이와 같은 우리의 반응은 사실 상당히 오랜 시간 동안 교회의 선교가 "제도적 교회의 조직들, 혹은 지상 명령에 대한 죄책감에 기반을 둔 호소"로서의 선교로 "조정되고 축소되고 걸러진 것"의 결과임을 부인할 수 없게 한다.[1]

예수 그리스도가 제자들을 향해 주신 대위임의 말씀은 명령일 뿐만 아니라 약속이다. 하나님의 선교는 하나님의 선물이다. 우리는 하나님의 선교를 명령이 아닌 선물로 이해할 때 이 선물을 나누기 위해 더 노력할 수 있게 된다. 우리 안에 이루어진 하나님의 선교가 이제는 우리를 통해 그리고 우리 너머로도 지속될 수 있는 것은 바로 하나님의 선교는 땅끝도 들어야 할 하나님의 복된 소식이요, 땅끝과도 나눠야 할 하나님의 귀한 선물이기 때문이다.

선교라는 깃발 아래 하나님의 마음에 어긋나는 일들이 행해져 왔음을 역사는 증명한다. 그럼에도 하나님의 선교가 오늘까지도 계속되는 까닭은, 하나님이 열방에 흩어진 당신의 사람들을 포기하지 않으시기 때문이다. 하나님의 선교가 오늘까지도 지속되는 이유는 더할 수 없는 하나님의 사랑 때문이다. 열방을 향한 하나님의 헌신 때문이다. 바로 이 열방을 향한 하나님의 사랑과 헌신 때문에, 선교는 인간의 실수에도 불구하고 오늘날에도 이어지고 있는 것이다. 하나님의 선교는 하나님의 은혜에서 비롯된 아낌없는 선물이기 때문이다.

하나님의 선교는 우리 모두를 향한 하나님의 은혜로운 초대다. 성경 전체가 증거하는 분명한 이 사실 하나를 깨닫기까지 내게는 짧지 않은 시간이 필요했다. 이 사실을 인지적으로 깨닫게 된 때부터 이를 삶으로 품고 확신하며 가르칠 수 있기까지는 다소 긴 시간이 걸린 듯하다. 어쩌면 나는 하나님의 선교를 한때는 지고 가야 하는 하나의 짐으로, 또 다른 한때는 하나의 자랑거리로 여겨 왔는지도 모르겠다. 그러나 선교는 기쁨이다. 선교는 복음이다.[2] 선교는 그 누구도 더할 수 없는 하나님의 크신 은혜다.

하나님의 선교는 진정 하나님의 은혜다. 한량없는 은혜다. 갚을 길 없는 은혜다. 우리의 삶 전체를 온전히 에워싸는 하나님의 은혜다. 그래서 나는 오늘도 노래한다. "나의 나 된 것은 다 하나님 은혜라." 그래서 사도 바울도 이렇게 고백한 것이 아니겠는가. "그러나 내가 나 된 것은 하나님의 은혜로 된 것이니 내게 주신 그의 은혜가 헛되지 아니하여 내가 모든 사도보다 더 많이 수고하였으나 내가 한 것이 아니요 오직 나와 함께하신 하나님의 은혜로라"(고전 15:10).

개인 묵상 및 소그룹 나눔을 위한 질문

1. 하나님의 은혜를 갚을 수 있는 것으로 착각하며 힘겹게 수고한 적은 없는가? 하나님의 은혜는 망각하고 당신의 헌신을 과대평가한 적은 없는가?

2. 오늘도 갚을 수 없는 하나님의 은혜로 사는 내 삶의 현장에서 '하나님의 은혜를 폐하는 일, 무효화하는 일'을 거듭하지 않기 위해 당신 안에 정리되어야 할 생각이 있다면 무엇인가?

3. 하나님이 중요한 일을 맡기실 때 주신 약속이 있다면 무엇인가?

___ 땅, 길 그리고 끝

지금까지 나는 나의 교만한 헌신을 부드럽게 꾸짖으시던 하나님의 음성 앞에 쏟아부었던 고백을 찬찬히 짚어 보았다. "나를 지으신 이가 하나님 / 나를 부르신 이가 하나님 / 나를 보내신 이도 하나님 / 나의 나 된 것은 다 하나님 은혜라 / 나의 달려갈 길 다 가도록 / 나의 마지막 호흡 다하도록 / 나로 그 십자가 품게 하시니 / 나의 나 된 것은 다 하나님 은혜라." 그리고 그 한 줄, 한 줄에 담긴 하나님의 은혜를 하나님의 선교라는 틀에 비추어 돌아보았다. 아직 하나님의 선교, 그 은혜의 한량없는 깊이와 폭을 고스란히 담아낼 수 있는 그릇이 내게는 부족하기에 그저 어린아이가 기도드리는 심정으로 정리해 보았다.

이제 글을 마무리하려 한다. 글을 마치며 내 삶에 의미 있게 자리하게 된 세 가지 단어를 이야기하고자 한다. 그것은 바로 '땅', '길' 그리고 '끝'이다. 내 삶 속 굵고 여린 자리, 자리마다 새겨진 이 세 가지 단어를 하나씩 음미하며 하나님의 경영의 기묘함과 지혜의 광대함(사 28:29)을 찬양하기 원한다.

◇◇　땅

셔우드 링엔펠터(Sherwood Lingenfelter)를 포함한 많은 문화인류학자의 가르침과 주장대로, 한 사람이 태어나 자라나는 문화, 즉 그 땅 고유의 행동 양식과 신념 체계와 세계관은 그에게 궁전이 될 수도 있고, 동시에 감옥이 될 수도 있다.[1]

굳이 시간을 내어 학습하지 않아도 이미 자연스레 내 것이 되어 버린 고향 땅의 문화는 가장 편하게 그리고 별다른 긴장감 없이 살아갈 수 있는 궁전과 같은 공간을 제공한다. 그러나 동시에 그 궁전의 경계선 너머에 있는 다른 사람은 왜, 무엇 때문에 나와는 달리 생각하고 행동하고 판단하는지에 대해 질문하거나 인정하려 하지 않을 때 그 궁전은 현저히 다른 공간, 즉 감옥 같은 곳이 될 수 있다. 이와 같은 자리가 바로 한 사람의 고유문화다.

지금까지 나는 다양한 문화를 담고 있는 다양한 땅을 밟으며 살아왔다. 때로는 자발적으로, 때로는 비자발적으로 낯선 지리적,

국가적 경계선을 넘으며 살아왔다. 그럴 때마다 내 고향 땅의 문화가 때로는 궁전, 때로는 감옥이 되는 것을 경험으로 깨달았다. 이 여정은 경계선이라는 것이 무엇을 의미하는지조차 모른 채, 나의 세계관과는 사뭇 다른 세계관이 존재한다는 사실조차 모른 채 시작된 일이다. 지금껏 살아온 땅 저편의 사람은 어떤 사람이며 그들과 함께하는 삶은 나에게 무엇을 요구하는지 질문해야 할 필요조차 알지 못한 채 시작된 일인 것이다.

그러나 살기 위해 넘고 정착을 위해 건너야 했던 경계선의 수와 경계선 너머 삶의 연수가 늘어나면서 나와는 다른 삶을 살아가고 있는 경계선 너머의 사람들에 대해 의도적으로 관찰하고 질문하게 되었다. 새롭게 밟게 되는 땅 위에 세워진 다양한 행동 방식과 사고방식을 학습하되, 섣부른 추측이나 판단이 아닌 정직한 호기심으로 배울 수 있게 되었다. 이 같은 학습 여정은 오늘도, 내일도 계속되어야 할 선교적 일상의 한 부분이다.

산상 수훈(마 5-7장)에는 무엇을 하지 말아야 하고, 무엇을 해야 하는지에 대한 예수님의 구체적이고도 분명한 가르침이 담겨 있다. 예를 들어, 예수님은 '외식하는 자와 같이 기도하지 말라'고 명하신 이후에 '은밀한 중에 계시며 은밀한 중에 보시는 아버지께 골방에 들어가 문을 닫고 기도하라'고 가르치셨다(마 6:5-6). '자신을 위해 보물을 땅에 쌓아 두지 말라'고 말씀하신 후에는 '먼저 하나님의 나라와 하나님의 의를 구하라'고 가르치셨다(마 6:19-34).

이처럼 예수님은 무엇을 하지 말아야 하는지를 말씀하시고는 바로 이어 그 대신 무엇을 어떻게 해야 할지를 알려 주셨다. 그런 맥락에서 마태복음 7장 1-12절을 보면, 예수님은 "비판하지 말라"(마 7:1)고 말씀하신 후에 "구하라 … 찾으라 … 문을 두드리라"(마 7:7)고 가르치셨다.

물론 이 두 말씀을 앞선 가르침과 같이 서로 대조, 비교해 해석하는 것에는 다소 무리가 있을 수도 있다. 그럼에도 나는 적어도 자신과 다른 세계관, 신념 체계, 행동 양식 그리고 가치 편견을 가지고 살아온 사람과 관계를 형성하며 그들과 더불어 하나님 나라를 함께 사모하는 하나님 나라의 백성답게 살아가기를 소원한다면, 누구나 꼭 한 번쯤은 마음에 아로새겨야 할 예수 그리스도의 가르침이 여기에 있다고 믿는다.

하나님의 언약 백성 된 우리가 지양해야 하는 태도는 바로 우리의 잣대와 렌즈로만 상대방을 바라보는 것이다. 그리고 그 관점만으로 상대방을 판단하고 비판하는 것이다. 우리는 함께 살아가는 그들을 섣불리 판단하거나 결론 내리는 대신, 예수님의 가르침에 따라 질문해야 한다. 왜 그들은 그렇게 생각하며 행동하고 반응하는지, 어떤 가치와 원리로 그와 같은 선택과 해석을 하고 있는지를 찾아야 한다. 쉽게 그 답이 열리지 않는다면 두드려야 한다.

여기서 다시 한 번, 앞서 4장에서 소개한 앤드류 월스가 말하는 '토착의 원리'와 '순례의 원리'를 기억하면 좋겠다. 상황화 원리는 사람들로 하여금 고립과 독립의 압력 속에서 자신의 고유한 문화적 환경을 따르도록 한다. 이와 달리 순례의 원리는 예수 그리스도와 하나님의 말씀을 따르는 순종에 뿌리내린 범세계적 교회로 우리를 이끈다.

독립과 고립이 아닌 의존과 참여로 순례의 길을 걷는 것은 부르심을 받은 우리 모두에게 주어진 책임이다. 그래서 베드로는, 교회와 교회 된 우리는 다양한 문화가 공존하고 있는 세상 속에서 '거류민과 나그네'로 살도록 부르심을 입었다고 말했다(벧전 2:11). 부르심을 받은 순례자의 삶, 보내심을 받은 나그네의 삶은 안정된 삶이 아니다. 정착한다 할지라도 이는 일시적일 뿐이고, 섭렵했다고 믿고 싶지만 아직도 구하고 찾고 문을 두드려야 할 일이 남아 있는 삶이다.

카자흐스탄 선교 이후 던져 온 질문 중 하나는 이것이었다. "우리는 진정으로 변화시키는 복음(Transforming Gospel)을 전할 수 있는 존재인가, 아니면 자기 고유의 문화가 반영된 복음(Cultural Reflection of the Gospel)만을 재생산하고 전달할 뿐인가?"

나는 하나의 특정 문화가 다른 모든 문화들보다 더 성경적이고, 더 적절하다는 생각은 착각이라고 믿는다. 우리는 제한된 범위에서나마 성경에 대해 박식할 수는 있으나, 여전히 자신의 문화적 색채를 띤 세계관으로 복음을 이해하며 살 수밖에 없는 존재다. 그래서 지속적으로 구하고 찾고 두드려야 한다고 믿는다.

한국 땅에서 태어나 캐나다 땅으로 이민을 가고, 캐나다 땅에서 러시아 땅으로 유학을 가고, 러시아 땅에서 카자흐스탄 땅으로 옮겨 교회를 개척하고, 이를 통해 배우고 경험한 바를 미국 땅에서 되돌아보고, 25년 만에 다시 찾은 한국 땅과 다시 돌아간 미국 땅에서 선교와 리더십을 연구하며 가르치는 삶을 살고 있는 나는 오늘도 다양한 민족적, 언어적, 문화적 경계선을 넘으며 다양한 사람들과 그들의 문화를 몸과 마음에 익히며 살아가고 있다.

매번 이삿짐을 싸고 풀 때마다 이제는 이 땅이 내 삶의 최종 정착지가 되면 좋겠다는 생각을 품게 되는 것을 부인할 수 없다. 하지만 이 땅이 다시금 최종 목적지가 아님을 알게 될 때에는 불평보다는 기대와 감사함으로 또다시 짐을 꾸리게 된다. 열다섯 살이 된 이후부터 이어지고 있는 다양한 땅에 대한 학습의 여정이 아직도 지속될 수 있다는 사실에 오히려 감사할 뿐이다. 아직도 구하고 두드리고 찾을 수 있는 기회가 남아 있음에 감사하다.

외아들 현우는 "우리 집은 도대체 어디 있는 거야?"라는 질문을 아직도 던진다. 그 질문을 들을 때마다 우리 집은 하나의 정해진 자리에 있는 것이 아니라는 사실을 반복해서 기억한다. 그래서 오히려 하나님 나라도, 하나님 아버지의 집도 그 어디에나 있을 수 있음을 더욱 자주 묵상하게 된다.

아울러 선교라는 이름으로 식민주의적, 제국주의적 욕망을 채우려 했던 앞서간 이들의 잘못을 되풀이하지 않으려면 집과 땅은 나만을 위한 소유의 대상도, 나의 개인적 안위와 영광을 위한 정복의 대상도 아닌, 청지기로서 성실히 돌보고 가꾸어야 하는 망각해서는 안 될 책무의 대상임을 자주 다짐한다. 이러한 다짐으로 또다시 경험해야 할 새로운 땅을 여전히 주저함 없이 밟는 신실한 청지기로서의 사명을 다할 수 있기를 나는 오늘도 기도한다.

다양한 땅 위에 살아가면서 기억하려 애쓰는 것이 또 하나 있다. 그것은 바로 삶의 방향을 자신의 허기를 채우려는 목적으로 설정하면 할수록 우리는 하나님이 계획하신 풍성한 삶과는 거리가 먼 삶을 살게 된다는 사실이다. 물론 우리 모두에게는 각자가 안고 살아가야 하는 배고픔이 있다. 때로는 허기지고 배고프고 목마르기에 성장하기도 한다. 그러나 자신의 배고픔과 목마름이 조절되지 못할 때 우리의 삶은 망가지고 만다.[2] 그러하기에 우리는 스스로 조절할 수 없는 자신만의 허기, 자신만의 배고픔이 무엇인지를 분명하고 솔직하게 인식하고 있어야 한다.

인정받는 중요한 인물이 되고 싶은 배고픔을 채우기 위해 권력을 추구하며, 축적된 권력으로 획득한 자리를 유지하기 위해 사람들을 조종하며, 결국은 명령하고 조종하는 삶을 최고의 삶, 최선의 삶이라 믿으며 권력과 성취를 자신의 존재 가치의 근원으로 삼는 것은 큰 아픔이 아닐 수 없다.

그러므로 우리는 당장의 허기와 목마름을 채워 주는 그 어떤 '떡'보다 더 귀한 양식이 있음을 기억해야 한다. 나는 그것이 하나님의 비전이라 믿는다. 비전은 하나님의 것이다. 비전은 좋으신 하나님에 관한 것이다. 그런데 우리는 자주 하나님의 비전과 우리의 부르심의 자리를 혼동하곤 한다. 그래서 우리가 하는 일이 잘되면 성취감에 휩싸여 비전을 이루었다 자랑하게 되고, 반대로 우리가 하는 일이 잘 안되면 실패감에 사로잡히고 만다.

우리는 부르심의 자리에서 다양한 경계선을 위험을 무릅쓰고 넘으며 의미 있는 수고를 마다하지 않을지라도 하나님의 비전과 그 비전에 동참할 수 있는 은혜와 우리의 수고를 혼동해서는 안 된다. 하나님의 비전과 나의 소명이 제자리를 지키는 삶을 살도록, 하나님의 비전과 우리의 소명이 제자리를 지키는 땅이 열방 곳곳에서 일어나도록 하나님은 나를 그리고 우리를 지으시고 부르시고 보내신다. 그래서 나는 오늘도 고백한다. 나의 마지막 호흡이 다하도록 이 나그네 삶은 계속되어야 한다고. 이것이 내게 더할 나위 없는 축복이다.

익숙해진 삶의 터전을 뒤로하고 새로운 땅으로 옮겨 간다는 것은 결코 쉬운 일이 아니다. 그러나 어렵기만 한 일도 아니다. 두렵기는 하지만 주저할 필요도 없는 일이다. 왜냐하면 나그네로서의 정체성, 순례자로서의 정체성은 본향을 향해 걸어가는 우리 모두에게 주어진 하나님의 선물이기 때문이다. 또한 내가 믿고 의지하고 사랑하고 섬기고 끝까지 순종하기 원하는 나의 창조자 하나님이 내가 돌아갈 수 있는 궁극적인 땅, 본향이 되시기 때문이다. 본향 되신 하나님께로 돌아갈 때까지 나의 구원자 하나님은 부르심에 합당한 삶을 살도록 나를 보내실 것이다. 그리고 나그네로서 다양한 경계선을 넘어가며 낯선 땅을 밟을 수 있는 은혜를 허락해 주실 것이다.

길

본향 되신 하나님 앞에 서기 전까지 이 땅에 남은 시간 속에서 또 다른 경계선을 넘어 또 다른 땅을 밟게 될 때마다 망설임과 두려움은 여전히 존재하겠지만, 크게 주저하지 않을 또 하나의 이유가 있다. 이는 떠나는 것에 익숙해져 버린 내 삶의 유형, 타 문화를 접하는 일에 대한 감정적 덤덤함, 어차피 어디를 가서 살아도 온전한 내부자가 될 수 없음을 알기에 갖게 되는 무력감 때문이 아니다. 새로운 땅 앞에, 또 다른 경계선 앞에 담대할 수 있는 이유는 이 다양한 땅을 이어 주는 길 때문이다.

그 길은 바로 예수님이시다. 지금까지 걸어 온 땅을 이어 주는 하나의 길은 다름 아닌 예수 그리스도이시다. 예수 그리스도는 나에게 가야 할 길을 가르치고 보여 주셨을 뿐 아니라, 나의 가야 할 길이 되어 주셨다. 열다섯 살 때 화장실 문 앞에서 내게 들려 주신 약속의 말씀 그대로, 나의 가는 길을 아시는 예수 그리스도는 지금까지 나의 갈 길이 되어 주신다.

오늘도 나는 길을 걷는다. 때로는 아직도 가야 할 길이 더 있다는 사실이 위로가 되기도 하지만, 갑자기 큰 부담으로 밀려올 때도 있다. 특별히 어려운 일을 당하거나 어떤 이유에서든 마음의 짐이 여느 날보다 무겁게 느껴질 때는 더욱 그렇다. 그러나 결코 쉽지만은 않지만, 오늘도 길을 걸으며 수많은 질문으로 번뇌하기도 하지만, 이 길의 이유가 하나님께 있다는 사실이 더없이 큰 힘이 되는 것 역시 부인할 수 없다.

그런데 이 길은 홀로 걷는 외로운 길이 아니다. 예수 그리스도의 몸을 이루는 공동체와 함께 걷는 길이다. 홀로 모든 것에 무한한 책임을 지며, 홀로 외로이 눈부신 업적을 이루며, 홀로 당당히 경주를 마치려 달려갈 길이 아닌 것이다. 이웃 된 이들과 함께, 나

또한 그들의 이웃 되어 함께 끝까지 잘 마쳐야 할 길이다.

여기서 한 가지 고백할 것이 있다. 나는 고난당하는 이들과 그들의 고난에 함께 동참하는 것에는 별다른 주저함이 없지만, 막상 나 자신의 고난에 동참해 주도록 내 삶을 열어 다른 사람의 도움을 요청하고 받아들이는 것에는 아직도 거리낌이 있다. 고립 가운데 홀로 묵묵히 고난 받는 이를 더 성숙하고도 복된 자로 인정하는 문화 속에서 자란 탓인지도 모르겠지만, 나는 영적인 사람이라면 고난은 스스로 이겨 내야 한다는, 눈에 보이지 않는 영적 공식 같은 것을 조용히 받아들여 온 듯하다. 소리 내어 말은 하지 않지만, 홀로 고난 받기를 선택함으로 영적인 우월감을 누리려는 경향이 있다고 해야 할까….

이런 나의 모습에 또 다른 이유가 있다면, 이는 고난이 우리의 참모습을 드러내기 때문인 듯하다. 고난과 위기 때의 내 모습이 참 내 모습인 것이다. 따라서 고난당할 때 다른 이들로 내 삶에 들어와 나를 도울 수 있도록 허락하고 초대하려면 내게는 무엇보다도 겸손이 필요하다. 남들의 시선 앞에 자신의 연약함을 드러낼 수 있는 용기와 다른 사람을 향한 신뢰가 필요하다.

그런데 겸손도, 신뢰도 배워야만 알 수 있고 실천할 수 있는 것이기에 이를 배우려면 반드시 다른 이들과 연결되어야만 한다. 고립 속에서는 겸손도, 신뢰도 배울 수 없다. 자만과 불신을 극복하는 일은 다른 이들과의 관계 가운데로 들어갈 때만 가능하다. 따라서 이제는 "반목과 소외에서 불러내어 구속의 관계로 이끄시는"3 예수님의 음성을 보다 성실히 듣고 응답해야 할 때라 믿는다. 수년 전 써 놓은 가사 하나를 떠올려 본다.

하나님 나 부르실 때에

하나님 나 부르실 때에
내 어리석음 다 보셨지만
그 어리석음 멸시치 않고
지혜로 바꾸셨네

하나님 나 부르실 때에
내 약함도 다 아셨지만
그 약함까지도 멸시치 않고
능력으로 바꾸셨네

하나님 나 부르심은
오직 그리스도로
온전히 옷 입히려 하심이라

하나님은 외롭게 홀로 고난 받는 그리스도인이 되라고 우리를 부르지 않으신다. 그리스도의 몸과 거리를 둔 채 홀로 고난 받기를 선택하는 것도, 이를 자랑스럽게 여기는 것도 하나님의 뜻과는 거리가 멀다. 길 되신 그리스도께로 나아가려면, 길 되신 그리스도 안에 거하려면 그리스도의 몸을 이루는 지체와의 교제 가운데로 나아가야 한다.

우리에게는 나를 바라보시고, 나의 소리에 귀 기울이시고, 나와 함께 고난 받으시는 하나님만 계신 것이 아니라, 함께 하나님을 바라보고, 경청하며, 고난을 나눌 수 있는 서로가 있다. 우리에게는 나의 연약함을 도우시는 성령만 계시는 것이 아니라(롬 8:26; 히 4:16), 서로의 짐을 나누어 지며(갈 6:2) 은혜를 얻도록 도울 수 있는 서로가 있다.

예수 그리스도로 옷 입으며 예수 그리스도를 따르는 것은 더 큰 강함인 동시에, 더 큰 약함을 향해 나아가는 길이다. 강한 뼈(bone)뿐만 아니라 연한 살(flesh)로도 걷는 길이다. 궁핍 속 고난도 압제도 아닌, 무관심 속 포기도 아닌, 서로를 향한 신뢰 속에서 서로에게 연결되어 서로를 후원하며 함께 예수 그리스도를 따라 걷는 길이다.

얼마 전부터 마음에 품고 기도하며 삶 속에서 실천하려 노력하는 내 소명을 담아내는 이미지가 하나 있다. 그것은 에베소서 4장

16절과 골로새서 2장 19절 말씀에 공통적으로 담겨 있는 이미지다. "그에게서 온몸이 각 마디를 통하여 도움을 받음으로 연결되고 결합되어 각 지체의 분량대로 역사하여 그 몸을 자라게 하며 사랑 안에서 스스로 세우느니라"(엡 4:16). "온몸이 머리로 말미암아 마디와 힘줄로 공급함을 받고 연합하여 하나님이 자라게 하시므로 자라느니라"(골 2:19).

한글 성경에는 또렷이 나타나 있지 않지만, 영어 성경에는 'ligament'(인대)라는 단어가 두 말씀에 동일하게 나타난다. 섬유성 조직으로 이루어진 인대는 눈에 보이지는 않지만 뼈와 뼈를 연결하고, 관절의 움직임을 활성화할 뿐만 아니라, 과도한 스트레칭을 막기도 하는 신체의 중요한 부분이다. 이렇게 연결하고 후원하며 보호하는 역할을 감당하는 인대는 신체의 다양한 부분들이 각자의 일을 잘할 수 있게 할 뿐 아니라 몸 전체가 하나로 움직일 수 있도록 돕는다. 그래서 나는 길 되신 예수 그리스도 안에서 예수 그리스도의 몸의 다양한 지체를 '후원하는 마디'(supporting ligament)로 도우며 예수 그리스도를 따라 걷기를 소원한다.

하나님의 은혜에 참여하라는 부르심을 받았음에도 피상적인 관계로만 힘겹게 살아가는 것은 하나님의 마음을 아프시게 하는 일이다. 기쁠 때도, 고난 가운데서도 예수 그리스도의 몸 된 하나님의 백성은 상호 협력적, 상호 의존적 관계 속에서 서로의 기쁨과 고난에 참여하며 은혜의 보좌 앞에 담대히 나아가(히 4:16) 하나님의 은혜를 발견해야 한다. 서로를 통해 도전받고 격려받으며 기쁠 때나 고난 받을 때나 겸손하게 관계 가운데 걸어가야 한다.

성경 속에서 우리는 기쁠 때나 고난 받을 때나 관계 가운데 함께 길을 걷는 하나님의 백성을 볼 수 있다. 먼저 구약성경에서 그 예를 찾아보자. 모세와 아론과 미리암과 여호수아는 광야 길을 헤쳐 가는 동안 함께 기뻐하며, 함께 고난 받았다. 가나안을 정복하고 그 땅을 지파별로 분배하는 과정에서 여호수아와 엘르아살 역시 함께 기뻐하며, 함께 고난 받았다. 모르드개와 에스더도 비교적 짧은 시간이었지만 유배지에서 살아가는 유대인들의 목숨을 구하기 위해 함께 고난 받기를 기뻐했다. 학개, 스가랴, 예수아, 스룹바벨은 하나님의 성전을 재건하기 위해 사람들 앞에서도, 뒤에서도 함께 울고 웃으며 동역했다. 느헤미야와 에스라 역시 예루살렘 성벽을 재건하기 위해 함께 기뻐하며, 함께 고난 받았다.

신약성경 역시 그리스도 안에서 함께 기뻐하며, 함께 고난 받은 하나님 백성의 이야기로 가득하다. 특별히 사도 바울과 그리스도 안의 수많은 형제자매 사이에 형성된 유대감을 나는 주목한다. 바울은 홀로 일하거나, 홀로 기뻐하거나, 홀로 고난 받지 않았다. 바울은 그리스도의 고난에 동참하는 가운데 그리스도의 몸을 이루는 지체들을 자신이 겪는 경험에 참여하도록 초대했다. 겸손하게 그리고 신뢰 가운데 그리스도 안에서 형제자매 된 이들에게 자신의 고난에 힘을 더해 줄 것을 요청했다(롬 15:30).

더불어 신약성경에는 '서로'라는 구절을 품고 있는 말씀이 많다. 하나님은 우리에게 서로 사랑하고(요 13:34), 서로 받아들이고(롬 15:7), 서로 문안하고(롬 16:16; 고전 16:20; 고후 13:12; 벧전 5:14), 서로 복종하고(엡 5:18-21), 서로 용납하고(엡 4:1-3; 골 3:12-14), 서로 용서하고(엡 4:31-32), 서로 돌보고(히 10:24), 서로 죄를 고백하라고(약 5:16) 말씀하신다. 뿐만 아니라 서로 덕을 세우고(롬 14:19; 살전 5:11), 서로 가르치고(골 3:16), 서로 권면하고(살전 5:11; 히 3:12-13), 서로 충고하고(롬 15:14; 골 3:16), 서로 시와 찬송과 신령한 노래들로 화답하라고(엡 5:18-20; 골 3:16) 말씀하신다. 더 나아가 서로 종노릇하고(갈 5:13-14), 서로 대접하고(벧전 4:9), 서로 짐을 지고(갈 6:2), 서로 기도하는(약 5:16) 것도 하나님이 우리에게 부탁하시는 일이다.

한편 하나님은 서로 비판하지 말고(마 7:1; 롬 14:13), 서로 비방하지 말고(약 4:11), 서로 원망하지 말고(약 5:9), 서로 물고 먹지 말고(갈 5:14-15), 서로 노엽게 하지 말고(갈 5:25-26), 서로 투기하지 말고(갈 5:25-26), 서로 거짓말하지 말 것(골 3:9-10)도 명하신다.

예수 그리스도는 길이요, 생명이요, 오늘도 내일도 변하지 않는 진리이시다. 길이요, 생명이신 예수 그리스도는 성령 하나님으로 내 안에 거하시며, 흔들리고 변하는 땅을 밟을 때에도 길을 잃지 않게 보호하고 도우신다. 이보다 더한 은혜를 나는 구할 수도, 기대할 수도 없다. 이 땅 한복판에서 깊이 뿌리내리고 사는 것 또한 귀하고 복된 일이겠지만, 이제는 '가족이 있어서 집에 온 것 같다'는 느낌만으로도 만족할 수 있게 된 나 자신을 발견하며 오히려 순례자로서 길을 걷는 삶에 감사한다.

내가 즐겨 부르는 찬양이 있다. "나 무엇과도 주님을 바꾸지 않으리 / 다른 어떤 은혜 구하지 않으리." 그렇다. 다른 어떤 은혜를 구할 필요가 없다. 길 되신 예수 그리스도가 내 안에 그리고 내가 그분 안에 있기에 다른 은혜가 필요하지 않다.

◇◇ 끝

그런데 이 길에는 끝이 있다. 그리고 이 끝이야말로 오늘도 내 마음 한가득 품고 시작하는 끝이다. 끝을 마음에 품고 시작하는 것은 지혜다. 복이다. 그 끝에 비추어 오늘을 바라보고 해석하는 것도 지혜이며 복이다. 나로 하여금 오늘 달려갈 길을 가게 하는 것도 바로 이 끝이 있기 때문이다.

내 삶 가까이에서 학문적인 영역에서뿐만 아니라 일상의 영역에서도 많은 깨달음과 가르침을 주고 계신 셔우드 링엔펠터 교수는 마태복음 19장과 20장 말씀을 통해 하나님의 일을 한다고 하는 우리 모두도 다른 이들과 별 차이 없이 보편적으로 던지고 있는 질문에 주목한다. 베드로의 말이다. "우리가 모든 것을 버리고 주를 따랐사온대 그런즉 우리가 무엇을 얻으리이까"(마 19:27).

여기서 베드로는 예수님을 따르기 위해 모든 것을 다 버렸다고 자신하면서 그에 합당한 보상은 무엇이 될지 궁금해하며 예수님께 질문했다. 이에 예수님은 포도원과 포도원 품꾼들의 비유로 답을 말씀하셨다. 가장 먼저 포도원에 와서 가장 긴 시간을 노동한 품꾼들의 반응은 베드로의 태도와 질문을 상기하기에 충분하다. "먼저 온 자들이 와서 더 받을 줄 알았더니 그들도 한 데나리온씩 받은지라 받은 후 집주인을 원망하여 이르되 나중 온 이 사람들은 한 시간밖에 일하지 아니하였거늘 그들을 종일 수고하며 더위를 견딘 우리와 같게 하였나이다"(마 20:10-12).

나를 포함해 하나님 나라의 일에 헌신했다고 자부하는 많은 사람의 머릿속에도 동일한 질문이 던져지고 있지 않은가? "왜 내가 더 받지 못하는가? 이를 위해 모든 것을 버린 내가 왜 더 큰 보상을 받지 못하는가? 하나님은 왜 이토록 공평하지 않으신가?"라고 질문하며 하나님 나라의 일에 대한 보상을 우리 문화의 사고의 틀과 그 속에 뿌리내린 판단의 잣대로 제시하고 있지는 않은가?[4]

이렇게 우리 각자의 고유문화가 낳은 고정 잣대와 판단과 해석의 틀은 하나님을 바라보는 우리의 시각에도 영향을 준다. 그리고 우리는 이 준거 기준을 때로는 '논리'라는 이름으로 절대화하려고도 한다. 결국 우리는 필립 얀시(Philip Yancey)의 설명대로, "비논리의 은혜"(grace of illogic)보다는 "비은혜의 논리"(logic of un-grace)[5]를 선호하며, 그러면서도 하나님의 일을 하겠다고 자신하며 하나님 나라에 헌신되었다고 주장하며 살고 있지는 않은지 질문해 보아야 한다.

그렇다면 우리는 과연 어떤 끝을 마음에 품으며 살아가야 하겠는가? "이 일이 얼마나 번거로운고"(말 1:13)라고 말하며 불평하던 제사장들을 기억하는가? "해 뜨는 곳에서부터 해 지는 곳까지의 이방 민족 중에서"(말 1:11) 크게 될 여호와의 이름에 대한 초점은 완전히 망각해 버린 채 자신들에게 주어진 귀한 사명을 번거로운 짐으로만 여기며 푸념하던 제사장들 말이다. 불평하는 이들의 모습 속에서 다시 한 번 우리 자신은 어떤 끝을 품고 오늘을 살아가고 있는지 정직하게 묻고 대답해야 하겠다.

우리의 존재가 가치 있는 이유는 우리를 부르시는 하나님 때문이다. 우리를 지으시고 부르시는 하나님을 떠나서는 궁극적인 삶의 의미, 삶의 이유를 찾을 수 없다. 따라서 삶의 의미를 우리 안에서만 찾으려는 것도, 우리가 행하는 그 무엇을 통해서만 찾으려는 것도 문제다. 우리는 이 세상이 내린 특정 범주에 속하는 것으로만 제한될 수 있는 존재가 아니다. 그렇다고 자신의 용기만으로 무엇이 될 수 있는 존재도 아니다. 무엇이 되는 운명을 타고나서 그 운명 너머로는 절대 벗어날 수 없는 존재도 아니다.

우리는 부르심을 받은 존재, 즉 존재하도록 부르심을 받은 자이며,[6] 여기에 우리의 진정한 존재 가치가 있다. 따라서 우리 존재함의 끝도, 시작도 다 하나님 안에 있는 것이다.

그러므로 끝은 큰 소망이다. 그리고 소망인 이 끝은 사실 끝이 아닌 새로운 시작이다. 가장 위대한 시작이다. 오늘과 어제의 완성이다. 하나님의 거대한 구속 역사의 완성이다. 더 이상을 상상할 수 없는 하나님의 궁극적 영광이다. 이 땅 위에서의 삶의 틀 속에서는 온전히 이룰 수 없는 끝이다. 이 땅 위에서 경험할 수 있는 것은 이 끝의 맛보기일 뿐이다.

그 끝을 요한은 이렇게 선포했다. "하나님의 장막이 사람들과 함께 있으매 하나님이 그들과 함께 계시리니 그들은 하나님의 백성이 되고 하나님은 친히 그들과 함께 계셔서 모든 눈물을 그 눈에서 닦아 주시니 다시는 사망이 없고 애통하는 것이나 곡하는 것이나 아픈 것이 다시 있지 아니하리니 처음 것들이 다 지나갔음이러라 보좌에 앉으신 이가 이르시되 보라 내가 만물을 새롭게 하노라 … 또 내게 말씀하시되 이루었도다 나는 알파와 오메가요 처음과 마지막이라 내가 생명수 샘물을 목마른 자에게 값없이 주리니 이기는 자는 이것들을 상속으로 받으리라 나는 그의 하나님이 되고 그는 내 아들이 되리라"(계 21:3-7).

이사야도 예언한 바 있는 새 하늘과 새 땅에서(사 65:17-25) 아무도 능히 셀 수 없는 큰 무리가 각 나라와 족속과 백성과 방언에서 나와 손에 종려나무를 들고 흔들며 "구원하심이 보좌에 앉으신 우리 하나님과 어린양에게 있도다"(계 7:10)라고 외치며 살아계신 열방의 주 하나님을 예배하는(계 7:9-10) 영광스런 끝을 품으며 나는 오늘도 시작한다. 더 이상 죽음도 질병도 아픔도 없이 친히 가까이 계시는 하나님과 함께 거니는, 치유되고 구속되고 회복된 그날을 품으며 오늘을 시작한다. 우리의 수고가 헛되지 않고, 생산한 것이 재난당하지 않으며, 해함도 상함도 없는 새 하늘과 새 땅을 품고 오늘도 걷는다. 이것이 내가 품고 시작하는 끝이다.

나를 지으신 이가 하나님이시다. 나를 하나님께로, 하나님의 길로 부르시는 이도 하나님이시다. 그리고 하나님의 임재의 약속과 함께 나를 보내시는 이도 하나님이시다. 이렇게 하나님은 처음부터 한량없는 은혜로 나로 하나님을 알게 하시고, 더 나아가 하나님의 선교에도 동참하게 하신다.

하나님의 비전의 일부분이 되며 그분의 선교에 동참하며 밟게 되는 땅 위에서 나는 나의 길 되시는 하나님을 만난다. 하나님께로 회심한다. 그리고 하나님을 예배한다. 오늘도, 내일도 나는 이 길 위의 순종을 계속하기 원한다. 그렇게 소원할 수 있는 것은 오늘도 마음 한가득 품고 시작할 수 있는 약속된 분명한 끝이 있기 때문이다. 그 끝에서 나는 계속 찬양할 것이다. 그 끝에서 열방과 함께 하나님을 예배할 것이다.

이 모두가 하나님의 은혜다. 나를 지으시고 부르시고 보내시는, 내 삶을 에워싸는, 한량없는, 갚을 길 없는 하나님의 은혜다.

개인 묵상 및 소그룹 나눔을 위한 질문

1. 당신의 삶 속에 깊이 새겨진 단어들은 무엇인가? 그 의미는 무엇이라고 생각하는가?

2. 당신의 소명을 묘사하는 이미지가 있다면 무엇인가?

3. 오늘도 품고 시작하는 당신의 '끝'은 무엇인가? 그 '끝'에 비추어 오늘을 바라볼 때 새롭게 부여되는 의미가 있다면 무엇인가?

들어가는 글

1_ Eugene H. Peterson, *A Long Obedience in the Same Direction: Discipleship in an Instant Society* (Downers Grove, IL: InterVarsity Press, 2000), 김유리 역, 《한 길 가는 순례자》 (서울: IVP, 2001), p. 168.

2_ William A. Dyrness, *Invitation to Cross-Cultural Theology: Case Studies in Vernacular Theologies* (Grand Rapids, MI: Zondervan Publishing House, 1992), p. 30.

1장 나를 지으신 이가 하나님

1_ A. W. Tozer, *The Knowledge of the Holy* (San Francisco, CA: HarperOne, 1978), 윤무길 역, 《하나님을 바로 알자》 (서울: 생명의말씀사, 1994), p. 1.

2_ Stanley J. Grenz, *Theology for the Community of God* (Grand Rapids, MI: Wm. B. Eerdmans Publishing Co., 2000), 신옥수 역, 《조직신학: 하나님의 공동체를 위한 신학》 (파주: 크리스챤다이제스트, 2003), p. 101.

3_ John Zizioulas, *Being as Communion: Studies in Personhood and the Church* (Crestwood, NY: St. Vladimir's Seminary Press, 1985).

4_ Contemporary Testimony Committee of the Christian Reformed Church, *Our World Belongs to God: A Contemporary Testimony* (Grand Rapids, MI: CRC Publications, 1987), paragraph 19.

5_ 폴 히버트, 《21세기의 선교와 세계관의 변화》 (서울: 복있는사람, 2010), p. 509.

6_ 크레이그 바르톨로뮤, 마이클 고힌, 《성경은 드라마다: 지금 우리의 자리에서 생동하는 성경 이야기》 (서울: IVP, 2009), p. 94.

2장 나를 부르신 이가 하나님

1_ Gordon McDonald, *Ordering your private world* (Nashville, TN: Thomas Nelson, 2003), 홍화옥 역, 《내면 세계의 질서와 영적 성장》 (서울: IVP, 2003).

2_ 후에 나는 이 글에 담긴 "내가 너를 축복하노라"라는 구절이 신학적으로 문제가 있음을 알게 되었다. '축복'이라는 말은 '다른 누군가에게 복을 구한다'는 의미를 담고 있기에 '하나님이 우리를 축복하신다'는 말은 사실 맞지 않은 것이다. 하나님은 우리에게 직접 복을 주시는 분이기 때문이다. 따라서 신학적 관점에서 볼 때 마지막 부분을 "내가 네게 복을 주노라"로 수정할 필요가 있겠다.

3_ 바르톨로뮤, 고힌, 앞의 책, p. 63.

4_ Os Guinness, *The Call: Finding and Fulfilling the Central Purpose of Your Life* (Nashville, TN: Thomas Nelson, 1998), 홍병룡 역, 《소명: 인생의 목적을 발견하고 성취하는 길》 (서울: IVP, 2000), p. 198.

5_ 같은 책, ix.

6_ 마크 래버튼, 《제일 소명: 세상을 위한 하나님 백성의 제자도》 (서울: IVP, 2014).

7_ Paul Stevens, *Down-to-Earth Spirituality: Encountering God in the Ordinary, Boring Stuff of Life* (Downers Grove, IL: IVP, 2003), 최동수 역, 《내 이름은 야곱입니다》 (서울: 죠이선교회, 2005), pp. 136-137.

8_ 같은 책, p. 104.

9_ Walter Brueggemann, "Evangelism and Discipleship: The God Who Calls, the God Who Sends," *In The Study of Evangelism: Exploring a Missional Practice of the Church* (Grand Rapids, MI: William B. Eerdmans Publishing Company, 2008), pp. 219-222.

10_ Robert Banks, *Redeeming the Routines: Bringing Theology to Life* (Grand Rapids, MI: Baker Academic, 2001), p. 154.

11_ 레슬리 뉴비긴, 《다원주의 사회에서의 복음》 (서울: IVP, 2007), p. 432.

12_ 같은 책.

13_ Os Guinness, 앞의 책, p. 13.

14_ 헨리 나우웬, 《탕자의 귀향》 (서울: 글로리아, 1997), p. 167.

15_ 같은 책, p. 173.

16_ 팀 켈러, 《탕부 하나님》 (서울: 두란노서원, 2008), p. 146.

3장 나를 보내신 이도 하나님

1_ '선교사 후퇴'는 대부분의 경우 비자발적으로 뜻하지 않은 때에 선교지를 떠나

야 하는 상황을 가리키는 말이다. 선교사 후퇴를 경험하는 선교사들의 수는 증가하고 있다. 선교지의 변화하는 정치적 상황이 그 이유가 되기도 하고, 동료 선교사들과의 관계의 어려움, 자녀들의 교육, 건강 문제 등이 그 원인이 되기도 한다.

2_ Christopher J. H. Wright, *The Mission of God's People: A Biblical Theology of the Church's Mission* (Biblical Theology for Life) (Grand Rapids, MI: Zondervan, 2010), p. 204.

3_ 찰스 반 엥겐, 《미래의 선교신학》 (서울: 바울, 2004), p. 88.

4_ Linda Bergruist, Allan Karr, *Church Turned Inside Out: A Guide for Designers, Refiners, and Re-Aligners* (San Francisco, CA: Jossey-Bass, 2010), p. 75.

5_ Johannes Blauw, *The Missionary Nature of the Church: A Survey of the Biblical Theology of Mission* (New York, NY: McGrawl Hill, 1962).

6_ 크리스토퍼 라이트, 《하나님 백성의 선교》 (서울: IVP, 2012), p. 13.

7_ 최필조, 《말할 수 없어 찍은 사진, 보여줄 수 없어 쓴 글》 (서울: 알파미디어, 2019), p. 37.

8_ J. 로버트 클린턴, 《지도자 평생 개발론》 (서울: 하늘기획, 2011).

9_ Andrew J. DuBrin, *Leadership: Research Findings, Practice, and Skills* (Mason, OH: South Western, 2006), pp. 473-506.

10_ 로버트 클린턴의 리더십 개발 이론은 근거 이론의 대표적인 예로서, 역사 속에 나타난 수많은 기독교 지도자의 삶과 성경에 나타난 지도자들의 삶에 대한 자료들의 비교 연구를 바탕으로 한 회고적, 귀납적 사고의 산물이다.

11_ Shelley Trebesch, *Isolation: A Place of Transformation in the Life of a Leader* (Altadena, CA: Barnabas Publishers, 1997).

4장 나의 달려갈 길 다 가도록

1_ Allen Yeh, *Polycentric Missiology: 21st Century Mission from Everyone to Everywhere* (Downers Grove, IL: IVP Academic, 2016).

2_ Charles Van Engen, *God's Missionary People: Rethinking the Purpose of the Local Church* (Grand Rapids, MI: Baker Book House Company, 1991), 임윤택 역, 《하나님의 선교적 교회》(서울: CLC, 2014).

3_ 크리스토퍼 라이트, 앞의 책, p. 331.

4_ 존 스토트, 《현대를 사는 그리스도인》(서울: IVP, 1993), p. 335.

5_ Timothy Keller, *Every Good Endeavor: Connecting Your Work to God's Work* (New York, NY: Riverhead Books, 2012), 최종훈 역, 《팀 켈러의 일과 영성》(서울: 두란노서원, 2013), p. 21.

6_ 크리스토퍼 라이트, 앞의 책, p. 333.

7_ Michael Goheen, Craig Bartholomew, *Living at the Crossroads* (Grand Rapids, MI: Baker Academic, 2008), p. 126.

8_ 크리스토퍼 라이트, 앞의 책, p. 351.

9_ Paul Stevens, *Work Matters: Lessons from Scripture* (Grand Rapids, MI:

William B. Eerdmans Publishing Company, 2012), 주성현 역, 《일의 신학: 즐거움+삶과 소명을 혁신시킬 새로운 일의 관점》(서울: CUP, 2014).

10_ Timothy Keller, 앞의 책, p. 25.

11_ J. Robert Clinton, *The Making of A Leader: Recognizing the Lessons and Stages of Leadership Development* (Colorado Springs, CO: NavPress, 2012), 이순정, 이영규 역, 《영적 지도자 만들기》(서울: 베다니출판사, 2014).

12_ Andrew Walls, *The Missionary Movement in Christian History: Studies in the Transmission of Faith* (Maryknoll, NY: Orbis Books, 1996), 방연상 역, 《세계 기독교와 선교 운동》(서울: IVP, 2018); *The Cross-Cultural Process in Christian History* (Maryknoll, NY: Orbis Books, 2002).

13_ Timothy Tennent, *Invitation to World Missions: A Trinitarian Missiology for the Twenty-first Century* (Grand Rapids, MI: Kregel Publications, 2010).

14_ Joel B. Green, *Conversion in Luke-Acts: Divine Action, Human Cognition, and the People of God* (Grand Rapids, MI: Baker Academic, 2015), p. 3.

5장 나의 마지막 호흡 다하도록

1_ Eugene H. Peterson, *A Long Obedience in the Same Direction: Discipleship in an Instant Society* (Downers Grove, IL: Intervarsity Press, 2000), 김유리 역, 《한 길 가는 순례자》(서울: IVP, 2001).

2_ David Bosch, *Witness to the World: The Christian Mission in Theological Perspective* (Louisville, KY: John Knox, 1980), 전재옥 역, 《세계를 향한 증거》(서울: 두란노서원, 1993), pp. 39-40.

3_ Michael Goheen, *Introducing Christian Mission Today: Scripture, History, and Issues* (Downers Grove, IL: IVP Academic, 2014), p. 227.

4_ Lausanne Covenant, paragraph 6, html://www.Lausanne.org/en/documents/Lausanne-covenant.

5_ Lesslie Newbigin, *The Open Secret: An Introduction to the Theology of Mission* (Grand Rapids, MI: Wm. B. Eerdmans Publishing Co., 1995), 최성일 역, 《선교신학개요》(서울: 한국신학연구소, 1995), pp. 134-135.

6_ Walter Brueggemann, *Biblical Perspectives on Evangelism: Living in a Three-Storied Universe* (Nashville, TN: Abingdon Press, 1993), p. 43.

6장 나로 그 십자가 품게 하시니

1_ Timothy Keller, *The Freedom of Self-Forgetfulness: The Path to True Christian Joy* (Leyland: 10 Publishing, 2016), 장호준 역, 《복음 안에서 발견한 참된 자유》(서울: 복있는사람, 2012).

2_ Stephen B. Bevans, "Seeing Mission through Images," in *Missiology: An International Review* 19, 1 (January, 1991), pp. 45-57.

3_ Timothy Keller, 앞의 책, p. 33.

4_ 같은 책.

5_ Christopher J. H. Wright, *The Mission of God's People: A Biblical Theology of the Church's Mission* (Grand Rapids, MI: Zondervan Academic, 2010), p. 239.

6_ Scott W. Sunquist, *Understanding Christian Mission: Participation in Suffering and Glory* (Grand Rapids, MI: Baker Academic, 2013), 이용원, 정승현 역, 《기독교 선교의 이해》 (인천: 주안대학원대학교출판부, 2015), pp. 27-28.

7_ 같은 책, xiii.

7장 나 주저함 없이 그 땅을 밟음도

1_ Walter Brueggemann, *Sabbath as Resistance: Saying No to the Culture of Now* (Louisville, KY: Westminster John Knox Press, 2014). 박규태 역, 《안식일은 저항이다》 (서울: 복있는사람, 2015).

2_ Don Slater, *Consumer Culture and Modernity* (Maden, MI: Blackwell Publishing Inc., 1997), 정숙경 역, 《소비문화와 현대성》 (서울: 문예출판사, 2000), p. 27.

3_ Walter Brueggemann, *The Land: Place as Gift, Promise, and Challenge in Biblical Faith* (Minneapolis, MN: Augsburg Fortress, 2002), 정진원 역, 《성

경이 말하는 땅: 선물·약속·도전의 장소》(서울: CLC, 2005), p. 4.

4_ 국제이주기구(IOM, International Organization for Migration)가 2015년을 '이주민의 해'(The Year of the Migrant)로 이름 지을 정도로 21세기에 이주는 국제적인 현상이 되었다.

5_ Walter Brueggemann, 앞의 책, pp. 1-25.

6_ 폴 히버트, 앞의 책, p. 510.

7_ 바르톨로뮤, 고힌, 앞의 책, p. 76.

8_ Michael Goheen, 앞의 책.

9_ Walter Brueggemann, *The Journey to the Common Good* (Louisville, KY: Westminster John Knox Press, 2010), p. 5.

8장 나를 붙드시는 하나님의 은혜

1_ 찰스 반 엥겐, 앞의 책, p. 44.

2_ Lesslie Newbigin, "The Logic of Mission," in *New Directions in Mission and Evangelization*, 2nd ed., James A. Scherer and Stephen B. Bevans (Maryknoll, NY: Orbis Books, 1994).

나가는 글

1_ Sherwood G. Lingenfelter, *Transforming Culture: A Challenge for Christian Mission* (Grand Rapids, MI: Baker Books, 1998), 장훈태 역, 《변화하는 기독교 문화》 (서울: CLC, 2009), p. 20.

2_ Ronald A. Heifetz, Marty Linsky, *Leadership on the Line: Staying Alive through the Dangers of Leading* (Boston, MA: Harvard Business School Press, 2002), 임창희 역, 《실행의 리더십》 (고양: 위즈덤하우스, 2006), p. 166.

3_ R. S. Anderson, *The Soul of Ministry: Forming Leaders for God's People* (Louisville, KY: Westminster John Knox press, 1997), 강성모 역, 《새 천년을 위한 영성 사역》 (서울: 나눔사, 1999), p. 95.

4_ Sherwood G. Lingenfelter, *Leading Cross-Culturally* (Grand Rapids, MI: Baker Academic, 2008), 김만태 역, 《타문화 사역과 리더십》 (서울: CLC, 2011), pp. 43-54.

5_ 같은 책, p. 50.

6_ Os Guinness, 앞의 책.